Donnermeyer
Glutenfrei kochen und backen
für die ganze Familie

Anja Donnermeyer lebt mit ihrer Familie im Münsterland. Seit eines ihrer Kinder die Diagnose Zöliakie bekam, wird im Hause Donnermeyer mit glutenfreien Lebensmitteln gekocht und gebacken, was das Zeug hält. Nach dem Motto »Die glutenfreie Ernährung muss sich unserer Familie anpassen und nicht umgekehrt« begann Anja Donnermeyer, in der Küche zu experimentieren, und feilte an ihren Rezepten. Sie war erfolgreich: Familie und Freunde lieben ihre glutenfreien Köstlichkeiten! Seither wird in der Familie unkompliziert gemeinsam eingekauft, gemeinsam gekocht und gemeinsam gegessen – und zwar gemeinsam glutenfrei.

Anja Donnermeyer

Glutenfrei kochen und backen für die ganze Familie

TRIAS

« Polenta-Lasagne, S. 78

Liebe Eltern!

Wenn bei einem Familienmitglied Zöliakie festgestellt wird, bedeutet dies in aller Regel: Ab jetzt muss für das betroffene Kind oder den Elternteil speziell eingekauft und separat gekocht werden. Es muss ein separater Toaster, ein separates Waffeleisen, es müssen separate Schneidebrettchen, separate Geschirrtücher, separate Kuchenformen und weitere separate Koch- und Backutensilien her. Es muss eine strenge Küchenhygiene eingehalten werden, um Gluten konsequent aus dem Weg zu gehen – und trotzdem gibt es immer wieder die Ungewissheit, ob sich nicht doch Spuren von Gluten irgendwohin verirrt haben, wohin sie nicht dürfen.

Wir haben für unsere Familie einen anderen Weg gewählt.

Wir wollten nicht, dass unsere mit Zöliakie diagnostizierte kleine Tochter mit einem ständigen »Nein, das darfst du nicht essen« aufwächst – Emily sollte sich zu Hause (gluten-)frei und unbeschwert entwickeln können. Wir wollten die Kontaminationsrisiken, aber auch den Aufwand der glutenfreien Ernährung so gering wie möglich halten. Die glutenfreie Ernährung wollten wir konsequent umsetzen, aber sie sollte unseren Alltag nicht beherrschen. Wir kaufen weiterhin in unseren üblichen Supermärkten ein, kochen weiterhin gemeinsam und essen auch weiterhin unbeschwert gemeinsam – und zwar gemeinsam glutenfrei. Dieses Familienkochbuch zeigt, wie einfach es sein kann, die ganze Familienküche glutenfrei zu gestalten: mit alltagserprobten, unkomplizierten Köstlichkeiten für jede Gelegenheit und mit dem gewissen Pfiff – garantiert glutenfrei. Stöbern Sie in diesem Familienkochbuch und entdecken Sie: Glutenfrei schmeckt allen!

Ich wünsche Ihnen Freude mit diesem Buch und guten Appetit!

Anja Donnermeyer

Glutenfrei für uns alle

Die glutenfreie Ernährung muss sich uns anpassen und nicht umgekehrt! Entsprechend diesem Motto essen wir in unserem Haushalt ohne große Umstellung der Ernährungs- und Einkaufsgewohnheiten gemeinsam glutenfrei.

Im Alter von einem Jahr wurde bei unserer Tochter Emily Zöliakie festgestellt. Ab dem ersten Tag der Diagnose haben wir für Emily ausschließlich glutenfrei gekocht. Und für den Rest der Familie haben wir die ersten Wochen zunächst noch separat gekocht. Aus mehreren Gründen gefiel uns dies von Anfang an jedoch überhaupt nicht. Wir wollten das Thema Essen zu Hause nicht in den Mittelpunkt rücken. Emily sollte zu Hause essen dürfen, was alle anderen auch aßen, sie sollte zu Hause keine Sonderrolle einnehmen. Sie sollte auch weiterhin unbeschwert bei der Essensvorbereitung in der Küche helfen können, ohne im Alter von einem Jahr bereits auf strenge Hygieneregeln achten zu müssen. Sie sollte nicht ständig ein »Nein, das darfst du nicht essen« hören. Sie sollte sich in ihrem Zuhause unbekümmert (gluten-)frei bewegen und entfalten können.

Außerdem fanden wir es nicht einfach, sowohl glutenhaltige als auch glutenfreie Speisen in derselben Küche zuzubereiten und zu essen. Manches Mal war ich unsicher, ob sie nicht doch mit Weizenmehl oder glutenhaltigen Brotkrümeln in Berührung gekommen war. War vielleicht doch einmal versehentlich das falsche Brotmesser in Emilys Butter geraten? War bei der Zubereitung eines Kuchenteigs ein wenig glutenhaltiger Mehlstaub in der Küche herumgeflogen? Hatte ich am Frühstückstisch trotz größter Vorsicht womöglich doch noch Gluten von meinem Brot an der Hand, wenn ich Emily ein Brot belegte? Waren beim Aufschneiden eines glutenhaltigen Brötchens unter Umständen Krümel auf Emilys Essensplatz gefallen? Bei der Zubereitung von separatem Essen kam auch noch der erhöhte Zeitaufwand hinzu – das alles machte unseren Alltag nicht leichter.

Wie die Umstellung geklappt hat

Um uns auf die glutenfreie Ernährung von Emily einstellen zu können, besorgten wir uns diverse spezielle Diätrezepte. Wir rüsteten unsere Lebensmittelvorräte entsprechend den Rezepten mit vielen verschiedenen (von Natur aus) glutenfreien Mehlen und Spezialprodukten auf und fanden die Koch-

und Backergebnisse auch lecker, aber sie schmeckten überwiegend anders als das, was wir gewohnt waren, und oftmals schmeckten sie intensiv nach den Ersatzmehlen – und überzeugten uns daher nicht. Außerdem gefiel uns nicht, dass wir die empfohlenen (von Natur aus glutenfreien) Mehle nicht im Supermarkt um die Ecke kaufen konnten und sie teilweise so exotisch waren, dass sie selbst das nächstgelegene Reformhaus nicht vorrätig hatte. Wir wollten unseren Speiseplan nicht vom Spezialversand und seinen Lieferzeiten abhängig machen. So begannen wir, schrittweise unsere eigenen Rezepte glutenfrei zu gestalten – mit Produkten, die uns in unseren üblichen Supermärkten zur Verfügung standen. Die Kochergebnisse waren geschmacklich identisch mit unserer herkömmlichen Kost, und wir stellten die gesamte warme Familienkost auf glutenfreie Mahlzeiten um.

Seit Erstveröffentlichung dieses Buches haben sich die Angebote für glutenfreie Ernährung in den Supermärkten stark verbessert und es sind mittlerweile auch dort von Natur aus glutenfreie Ersatzmehle erhältlich. Dies wurde bei der Neuauflage berücksichtigt und das Buch um entsprechende Rezepte erweitert.

Die Kuchentafel wird bei uns ebenfalls ausschließlich mit glutenfreien Backwaren bestückt. Auch unsere Gäste werden bei uns zu Hause glutenfrei bewirtet – viele, ohne es zu wissen. Schon oft bin ich von unseren Gästen nach Kuchenrezepten gefragt worden und habe in erstaunte Gesichter geblickt, wenn ich den Kuchen dann als glutenfrei geoutet habe.

In diesem Buch finden sich unsere Familienrezepte wieder, die alltagserprobt und einfach umsetzbar sind. Für eine glutenfreie Zubereitung der Rezepte ist es unumgänglich, darauf zu achten, dass jede einzelne Zutat glutenfrei ist. Wenn Kleinkinder mitessen, dann empfehlen wir, die Gerichte zum Schluss zu würzen und zwei Essensvarianten auf den Tisch zu bringen – einmal mit kleinkindgerechter Würzung und dann etwas kräftiger gewürzt für die übrigen Familienmitglieder.

Stolpersteine

Mit den glutenfreien Broten und Brötchen hatten wir anfangs Schwierigkeiten. Die Teigkonsistenz und das geschmackliche Ergebnis gefielen uns nicht besonders gut. Das galt sowohl für selbst gebackene als auch für gekaufte glutenfreie Brote und Brötchen. Dank der großen Auswahl glutenfreier Mehle und glutenfreier Spezialprodukte haben wir uns so lange durch das große glutenfreie Sortiment probiert und gebacken, bis wir die für uns besten Brote, Brötchen und Backrezepte herausgefunden hatten.

Verwundert über eine Gewichtsveränderung (nach mehr als 15 Jahren nahezu unverändertem Gewicht) unter glutenfreier Ernährung, ließ sich mein Mann untersuchen und es stellte sich zu unserem Erstaunen heraus, dass auch er eine Glutenunverträglichkeit hat. Da er zuvor keine Krankheitssymptome bemerkte, wäre die Glutenunverträglichkeit bei ihm vermutlich noch lange unentdeckt geblieben. Um eine zuverlässige Diagnose zu erhalten, sollte eine entsprechende Diagnostik jedoch grundsätzlich immer vor einer Ernährungsumstellung durchgeführt werden.

»Das macht Aua im Bauch«

Einige Wochen nach der Diagnosestellung unserer Tochter hatten wir keinerlei glutenhaltige Speisen mehr im Haus. Die Küchenutensilien, die zuvor für glutenhaltige Speisen benutzt wurden, sortierten wir aus. Obwohl Emily zu Hause nicht mit Gluten in Kontakt kommt, war ihr von Anfang an bewusst, dass sie einige Dinge nicht mehr essen darf. Außer Haus wurde sie häufig mit Glutenhaltigem konfrontiert – bei Einladungen von Freunden, beim gemeinsamen Frühstück in ihrer Spielgruppe, beim Mittagessen bei ihren Großeltern. Wurden ihr Lebensmittel verwehrt mit der Erklärung »Das macht Aua in deinem Bauch, da ist Gluten drin« und erhielt sie dafür vergleichbaren Ersatz, gab es (bislang) nie Protest. Staunend beobachteten wir, wie sie bereits im Alter von einem Jahr damit begann, das Essen anderer Kinder altersentsprechend zu hinterfragen und deren Essen als glutenhaltig (»Macht Aua«) und glutenfrei (»Macht nicht Aua«) einzustufen.

Glutenfreies Brot für Emily

Mit Einführung der Beikost von Emilys jüngerem Geschwisterchen haben wir in unserem Haushalt wieder Gluten für die Familienmitglieder ohne Glutenunverträglichkeit eingeführt. Zu den Brotmahlzeiten gibt es nun auch glutenhaltiges Brot und glutenhaltige Brötchen an unserem Tisch. Bei selbstgebackenen frischen glutenfreien Broten und Brötchen greifen aber weiterhin alle gerne zu. Wegen des glutenhaltigen Brotes und der glutenhaltigen Brötchen haben wir nun selbstverständlich auch zwei verschiedene Butter- und Marmeladentöpfe. Wir sind davon überzeugt, dass die gemeinsamen Brotmahlzeiten mit glutenhaltigen Produkten für Emily eine altersentsprechende Bereicherung sind, da sie dadurch den natürlichen Umgang mit glutenhaltigen Lebensmitteln und die entsprechenden Hygieneregeln erlernt. Außerdem muss sie für ihr späteres Leben lernen, wo sie überall mit Gluten in Berührung kommen kann. Alle anderen Speisen in unserem Haushalt sind weiterhin glutenfrei. Wir haben weiterhin nur Backformen, Waffeleisen usw., die für glutenfreie Speisen genutzt werden.

Glutenfrei einkaufen

Viele Fragen rund ums Thema Einkaufen beschäftigten uns: Wie können wir glutenfreie Produkte erkennen? Wo können wir noch einkaufen? Wie groß ist die glutenfreie Produktauswahl? Und gibt es für Brot, Brötchen, Gebäck, Nudeln, Pizza usw. gute Ersatzprodukte? Nach der Diagnose Zöliakie muss die Ernährung sofort auf glutenfrei umgestellt werden, was für uns eine echte Herausforderung war. Ohne Vorbereitungszeit mussten wir plötzlich strikt Diät halten und unser Einkaufsverhalten umstellen.

Ist in einem abgepackten Lebensmittel glutenhaltiges Getreide enthalten, muss dies deklariert sein. Nicht in den Einkaufskorb dürfen beispielsweise Produkte, die glutenhaltige Getreidesorten wie Weizen, Roggen, Gerste, Grünkern, Dinkel sowie verwandte Getreidearten und Urkornarten (z. B. Kamut und Einkorn) enthalten. Für glutenhaltiges Getreide gibt es einige glutenfreie Alternativen, beispielsweise Produkte aus Reis, Mais, Hirse, Buchweizen, Amaranth und Quinoa. Eine Sonderrolle nimmt Hafer ein. Herkömmlicher Hafer ist in der glutenfreien Ernährung nicht erlaubt, da er gewöhnlich durch glutenhaltiges Fremdgetreide verunreinigt ist. Mittlerweile gibt es aber glutenfreie Haferprodukte im Handel, auf die zurückgegriffen werden kann.

Eine Vielzahl von Lebensmitteln sind von Natur aus glutenfrei und können verzehrt werden:

- unverarbeitetes frisches Obst, Gemüse und Hülsenfrüchte sowie entsprechende Tiefkühlprodukte ohne weitere Zusätze

- naturbelassene, ungewürzte Fleisch- und Fischsorten
- Butter, Pflanzenöle
- Zucker, Honig
- naturbelassene Nüsse, Mandeln, Pinienkerne, Sonnenblumenkerne, Leinsamen, Sesam, Mohn, Kürbiskerne ohne weitere Zusätze
- Kartoffeln
- Reis
- Mais
- Eier
- Milch- und Milchprodukte in natürlicher Form (z. B. Milch, Naturjoghurt, Buttermilch, Quark, Sahne, Crème fraîche, Kondensmilch)
- Käse in natürlicher Form und ohne bemehlte Rinde (z. B. Emmentaler, Gouda, Edamer, Tilsiter, Frischkäse natur, Mozzarella und Feta in Salzlake)
- reine Gewürze und Kräuter, Essig, Tomatenmark
- Wasser, reine Fruchtsäfte, Bohnenkaffee, Wein, Sekt

Ein Blick auf die Zutatenliste

Bei einigen Produkten ist auch ohne Blick auf die Zutatenliste offensichtlich, dass sie glutenhaltig sind, beispielsweise herkömmliche Brote, Kuchen, Plätzchen, Waffeln, Knäckebrot, Zwieback, Nudeln, Pizza, Frikadellen, panierte oder mehlierte Produkte, Couscous, Weizengrießprodukte, Oblaten, Weizen- oder Malzbiere und Gemüse in Mehlschwitze. Wenn keine weiteren Angaben auf der Lebensmittelverpackung gemacht werden, bedeuten die Angaben »Hefe«, »Hefeextrakt«, »Stärke« und »modifizierte Stärke«: glutenfrei. Und falls glutenhaltiges Getreide für die Hefe oder Stärke verwendet wurde, muss dies entsprechend deklariert werden. Bei den häufig auf den Zutatenlisten zu findenden Zutaten Johannisbrotkernmehl und Guarkernmehl handelt es sich um glutenfreie Verdickungsmittel.

Bei anderen Produkten ist es schwieriger, sie als glutenfrei oder glutenhaltig zu identifizieren, da grundsätzlich jedes verarbeitete Lebensmittel Gluten enthalten kann. So kann selbst von Natur aus glutenfreies Maismehl unter Umständen Gluten enthalten, wenn es z. B. in derselben Mühle wie glutenhaltiges Getreide gemahlen und dadurch kontaminiert wurde. Es gibt sehr viele Produkte, in denen Gluten enthalten sein kann, aber nicht muss. Ein Blick auf die Zutatenliste ist bei diesen Lebensmitteln unumgänglich. Eindeutig glutenfrei sind die Produkte, die das »glutenfrei«-Symbol (durchgestrichene Ähre) tragen. Ferner gibt es von der Deutschen Zöliakiegesellschaft (DZG) Aufstellungen von unbedenklichen Produkten. Als unbedenklich werden die Produkte eingestuft, die einen Glutengehalt von höchstens 20 ppm (ppm = parts per million) haben. Wir empfehlen jedem, der eine strikte glutenfreie Diät halten muss, Mitglied bei der Deutschen Zöliakiegesellschaft (DZG) zu werden. Wir wurden durch Lektüre der Lebensmittellisten der DZG sicherer in der Auswahl glutenfreier Produkte und das Einkaufen wurde für uns einfacher. Erleichtert stellten wir fest, dass sehr viele herkömmliche Produkte aus den Supermärkten unbedenklich sind. In der ersten Zeit waren unsere Einkäufe dennoch sehr zeitintensiv. Wir mussten uns in unseren bisherigen Supermärkten erst einmal neu orientieren und uns fiel das Studium der Zutatenliste noch nicht so leicht. Zudem mussten wir eine Vielzahl von Produkten, die wir bisher nutzten, nach dem Blick auf die Zutatenliste wieder in das Regal stellen. Zugegebenermaßen war das manchmal ziemlich frustrierend.

Glücklicherweise bieten mittlerweile viele Supermarktketten glutenfreie Spezialprodukte an. Die Verkaufspunkte, an denen glutenfreie Spezialprodukte gekauft werden können, sind teilweise auf den Homepages der Hersteller glutenfreier Produkte zu finden (z. B. von Schär). Wir nutzen diese Informationen gerne, wenn wir auf Reisen sind. Unsere Lebensmittel kaufen wir in den gleichen Supermarktketten wie vor der Diagnosestellung. Ein kurzer Blick auf die Zutatenliste reicht uns mittlerweile, um das Produkt auf Glutenfreiheit zu untersuchen. Da sich die Rezepturen der Hersteller manchmal ändern, schauen wir bei jedem Einkauf erneut auf die Zutatenliste. Glutenfreien Aufschnitt an der Fleischtheke kaufen wir am Stück, um eine Verunreinigung über eine möglicherweise kontaminierte Schneidemaschine zu vermeiden. Ergänzend nutzen wir die Auswahl im Reformhaus, insbesondere beim Kauf von von Natur aus glutenfreien Mehlen. Des Weiteren gibt es Diäthersteller, die ihre Produkte über das Internet anbieten.

Gluten befindet sich nicht nur in Lebensmitteln, sondern kann beispielsweise auch in Arzneimitteln, Zahnpasta, Pflegeprodukten, Kosmetik, Malstiften, Knetmasse (Seite 121) oder im Klebstoff von Briefmarken enthalten sein. Bei der DZG gibt es eine gesonderte Aufstellung glutenfreier Arzneimittel inkl. Kosmetik und Mund- und Zahnpflegeprodukten sowie eine Aufstellung für Spiel- und Bastelartikel.

Bevor Emily in den Kindergarten kam, haben wir uns über die dort verwendeten Bastelartikel informiert und diese auf Glutenfreiheit überprüft. Das Risiko, dass sie täglich mit glutenhaltigem Bastelmaterial konfrontiert wird, wollten wir ausschließen. Wie schnell gelangt eine bemalte Kinderhand unbeabsichtigt in den Mund – und damit ggf. Gluten in den Körper. Diejenigen Produkte, die nicht in der Aufstellung der DZG enthalten waren, haben wir direkt beim Hersteller auf Glutenfreiheit erfragt und von allen Herstellern rasch eine Antwort erhalten.

Spielen bei Freunden

Emily verabredet sich gerne mit Freunden. Deren Familien sind alle über die erforderliche glutenfreie Ernährung informiert. Im Kindergartenalter handelten wir meistens unter dem Aspekt: Emily darf bei Euch nichts essen – außer es ist mit uns abgestimmt. Bei Freunden, bei denen Emily öfters zu Besuch war, warf ich daher gerne einen Blick auf die dort vorhandenen Lebensmittel und teilte ihnen mit, welche Lebensmittel Emily davon bedenkenlos essen konnte. So war gewährleistet, dass sie immer etwas glutenfreies zu essen bekommen konnte. Ein entsprechender Merkzettel hing bei etlichen ihrer Freunde am Küchenschrank. Viele ihrer Freunde kauften auch selbstständig spezielle Diätprodukte für sie ein. Für die Zwischensnacks nannten wir den Familien ihrer Freunde gerne konkrete gängige Produkte, die Emily bedenkenlos essen darf. Wer eine Liste mit konkreten Produktnamen an Freunde gibt, muss natürlich selber immer im Blick haben, dass sich die Zutatenlisten jederzeit ändern können und die Freunde entsprechend informiert werden müssen. Mit zunehmendem Alter übernahm Emily selbst die Verantwortung für das Essen bei Verabredungen mit ihren Freunden. Dazu gehört auch, dass sie die Zutatenlisten selbstständig liest, und es hat noch nie Diätfehler gegeben.

Ernährung ohne Gluten – da habe ich noch ein paar Fragen ...

... Grund genug, bei Diplom-Ökotrophologin und Ernährungsberaterin Elke Möllenkotte nachzuhaken. Sie kennt die glutenfreie Ernährung im Rahmen einer Zöliakie nicht nur beruflich, sondern als selbst Betroffene auch aus eigener Erfahrung – perfekt!

Als wir in der Familie auf glutenfrei umgestellt haben, stellte sich natürlich erst einmal die Frage: »Gluten? Was soll das denn sein?« Welche Antwort können wir Eltern da geben?
Gluten ist eine Eiweißfraktion, die in verschiedenen Getreidearten wie Weizen, Roggen und Gerste vorkommt. Gluten wird auch Klebereiweiß genannt, es ist wichtig für die gute Backfähigkeit der Teige – es sorgt zum Beispiel dafür, dass Sonntagsbrötchen so toll aufgehen.

Bei uns ist die gesamte warme Familienküche auf glutenfrei umgestellt und alle fühlen sich gut damit. Vor der Umstellung stellten wir uns natürlich die Frage: Braucht der menschliche Körper Gluten überhaupt?
Nein, Gluten ist kein essenzieller Nahrungsbestandteil. Die Aminosäuren, aus denen Gluten besteht, kann der Körper auch selbst herstellen bzw. sie werden über andere Eiweißarten zugeführt.

Dann ist also auch eine Ernährung ohne Gluten ausgewogen?
Ja, denn für eine ausgewogene Ernährung ist nicht Gluten wichtig, sondern dass die Ernährung abwechslungsreich gestaltet wird. Die Ernährungspyramide kann da eine ganz hilfreiche Orientierung sein. Sie ist ein anschauliches Modell, das zeigt, welche Lebensmittel wie oft verzehrt werden sollten. Jeder Lebensmittelkreis steht in diesem Modell für eine empfohlene tägliche Portion. Eine Portion entspricht dabei einer »Handvoll« der jeweiligen Lebensmittelgruppe – bei Kindern also weniger als bei Erwachsenen –, bei den Getränken entspricht eine Portion einem vollen Glas. Bei den Fetten umfasst eine Einheit 1 ½–2 Esslöffel.

Gemäß der Lebensmittelpyramide werden täglich empfohlen:

- 6 Portionen kalorienarme Getränke
- 2 Portionen Obst, 3 Portionen Gemüse und/oder Salat
- 4 Portionen Getreideprodukte inklusive Beilagen wie Reis, Nudeln und Kartoffeln
- 4 Portionen tierische Lebensmittel (davon 3 Portionen Milch und Milchprodukte + 1 Portion Fleisch/Fisch/Ei)
- 2 Portionen Fette und Öle
- 1 Portion Extras wie Süßigkeiten

Danke für den Hinweis! Als Mutter bin ich natürlich immer sehr darauf bedacht, alles »richtig« zu machen. Mir war es bei der Ernährungsumstellung zum Beispiel auch wichtig zu wissen, ob wir bei unserer glutenfreien Ernährung besonders auf die Zufuhr von bestimmten Nährstoffen oder Ballaststoffen achten müssen.

Uns stellte sich auch die Frage, ob vielleicht sogar die Verwendung von Nahrungsergänzungsmitteln sinnvoll werden kann.
Keine Sorge! Wenn Sie Ihre glutenfreie Ernährung ausgewogen gestalten, dann beinhaltet sie auch alle wichtigen Nährstoffe. Auch die Einnahme von Nahrungsergänzungsmitteln ist bei glutenfreier Ernährung nicht erforderlich.

Was Sie jedoch berücksichtigen sollten, ist, dass die glutenhaltigen Getreideprodukte in der Regel ballaststoffreicher sind als glutenfreie. Bei glutenfreier Ernährung sollte daher auf eine ausreichende Zufuhr von Ballaststoffen geachtet werden. Produkte aus glutenfreiem Getreide wie Vollkornreis, Buchweizen, Teff und glutenfreier Hafer sind gute Ballaststoffquellen. Sie stecken aber auch in vielen Gemüsesorten (zum Beispiel Kohlsorten, Wurzelgemüse, Hülsenfrüchte), Obst (zum Beispiel Beeren, Birne, Apfel), Trockenobst (zum Beispiel Feigen, Datteln, Pflaumen, Aprikosen, Rosinen), Nüssen oder glutenfreien Saaten (zum Beispiel Leinsamen, Sesam).

Eine Frage hat uns bei der Umstellung auf glutenfrei besonders umgetrieben: Führt eine glutenfreie Ernährung von Menschen, die nicht unter Zöliakie leiden, zu Mangelerscheinungen?
Da können Sie ganz beruhigt sein. Auch für Nichterkrankte gilt: Solange Sie glutenfreie Haferflocken integrieren, beinhaltet eine ausgewogene glutenfreie Ernährung alle wichtigen Nährstoffe und führt zu keinen Mangelerscheinungen.

Eine Ausnahme gibt es jedoch bei der Säuglingsernährung: In den Empfehlungen hierzu ist eine frühe Einführung von Gluten in der Beikost vorgesehen – idealerweise sollten kleine Mengen an Gluten schon parallel zum Stillen zwischen dem 5. und 7. Lebensmonat zugeführt werden. Eine repräsentative Studie hat inzwischen nachgewiesen, dass das Risiko für eine Zöliakieerkrankung dadurch sinkt.

Und dann gibt es natürlich noch eine große Sorge, die wohl alle Eltern von »Zöli-Kindern« teilen: Was passiert, wenn doch einmal versehentlich Gluten gegessen wird?
Das Wichtigste vorab: Sichtbare Schäden an der Darmschleimhaut zeigen sich erst nach regelmäßiger Glutenbelastung – Sie müssen also keine Sorge haben, dass das versehentlich verspeiste Stück Marmorkuchen direkt zu großen Schäden führt.

Dennoch setzt Gluten bei jeder Aufnahme beim Zöliakie-Betroffenen eine immunologische Reaktion in Gang. Schon allein diese immunologische Reaktion erhöht das Risiko, krank zu werden, bzw. das Dünndarmkrebsrisiko. Das Problem dabei: Spürbar ist so eine Reaktion für manche Menschen nicht. Daher ist es wichtig, darauf hinzuweisen, dass Gluten auch in kleinen Mengen nicht toleriert wird.

Das ist gut zu wissen – und um so etwas zu vermeiden, muss man natürlich schon beim Einkauf darauf achten, dass keine glutenhaltigen Lebensmittel im Einkaufswagen landen. Haben Sie ein paar Tipps, wie das gut gelingt?

Das ist gar nicht so einfach zu erklären und stellt daher auch den Mittelpunkt meiner Beratungstätigkeit bei Zöliakie dar. Am sichersten ist die »Glutenfrei«-Ähre der deutschen Zöliakie-Gesellschaft (DZG). Sie ist eine Garantie für die glutenfreie Zusammensetzung des Produktes (auf 100 g verzehrbaren Anteil bezogen). Sie wird allerdings nur von wenigen Firmen genutzt. Die DZG bietet eine hilfreiche App an, in der viele glutenfreie Lebensmittel aufgeführt sind. Auch Apps anderer Anbieter können Sicherheit geben. Manchmal bewirken sie aber auch Verwirrung.

Optimal ist die Ausbildung zum »Zutatendetektiv«: Ich schule die Patienten im Umgang mit den Zutatenlisten auf der Verpackung, die dabei helfen, glutenhaltige Lebensmittel zu identifizieren. So gibt es Begriffe, die eindeutig auf Gluten im Produkt hinweisen. Die muss man auswendig lernen und entsprechende Produkte meiden. Beispiele wären u. a. Weizenstärke, Klebereiweiß, Gerstenmalz. Überrascht sind die meisten Betroffenen, dass Produkte wie Stärke, Maltodextrine u. a. glutenfrei sind. Sicherheit in diesem Bereich erweitert das erlaubte Produktsortiment enorm.

Da bei uns die komplette Familienküche auf glutenfrei umgestellt wurde, war auch klar, dass wir unser komplettes Küchen-Equipment austauschen müssen. Für manche Leser ist es aber sicher auch interessant, worauf sie achten müssen, wenn nur das betroffene Familienmitglied umstellt.

Wenn nur derjenige auf glutenfrei umstellt, der auch von einer Zöliakie betroffen ist, halte ich folgende organisatorische Maßnahmen für sinnvoll: Der Betroffene braucht auf jeden Fall einen eigenen Brotkorb, ebenso Backformen, Waffeleisen, Toaster und Margarinebecher.

Es sollten keine Holzbrettchen und -löffel beim Kochen verwendet werden, da sich hier kleine Gluten-Partikel absetzen können. Marmelade oder Nutella sollte nur mit einem Extra-Löffel aus dem Glas genommen werden oder man füllt etwas davon für den Betroffenen in ein Extraglas.

Wichtig ist es, dass eine Extra-Schublade für glutenfreie Lebensmittel oder andersherum für glutenhaltige Mehl- und Nudelsorten eingerichtet wird, besonders, wenn Packungen bereits angebrochen sind. Idealerweise werden angebrochene Getreideprodukte aber ohnehin in verschließbaren Behältern aufbewahrt und diese beschriftet.

Falls eine Fritteuse in Gebrauch ist, sollte vor dem nächsten Benutzen das Fett erneuert werden. Ich halte es dann auch für sinnvoll, ab sofort nur glutenfreie Pommes oder Kroketten zu verwenden.

Beim Servieren muss darauf geachtet werden, dass es für die glutenfreie Speise ein eigenes Servierbesteck gibt und dass nicht getauscht werden darf: Der glutenfreie Kuchen darf also nicht mit demselben Messer wie der glutenhaltige Kuchen geschnitten werden – oder aber (und das reicht völlig aus) das Besteck muss zwischenzeitig abgespült werden. Beim Kochen sollte man drauf achten, nicht mit dem Löffel in den glutenfreien und gleichzeitig in den glutenhaltigen Nudeln zu rühren. Die Gerichte müssen außerdem getrennt abgegossen werden.

Sie sehen, das ist teilweise schon umständlich und daher kann ich es nachvollziehen, wenn Familien in manchen Bereichen lieber komplett auf glutenfrei umstellen.

» Die Ernährungspyramide bietet Orientierung für eine abwechslungsreiche Ernährung.

Laimighofer A. Schlaue Kinder essen richtig! 1. Aufl. Stuttgart: TRIAS Verlag; 2010

Glutenfrei kochen und backen

Ernährt sich ein Familienmitglied glutenfrei, so ist das Kochen schnell eher Frust als Lust. Damit ist jetzt Schluss! Auf den folgenden Seiten finden Sie unkomplizierte, glutenfreie Leckereien für jeden Anlass.

FRÜHSTÜCK

Nicht nur bei Kindern sehr beliebt.

American Pancakes

Für 12 Stück • geht schnell
⏲ 15 Min.

2 Eier • 25 g Zucker • 120 g glutenfreies Mehl (z. B. Mix C von Schär) • 2 TL Backpulver • 1 Prise Salz • 200 ml Milch • 25 ml Öl • etwas Fett • 100 g Frühstücksspeck • 12 EL Ahornsirup

- Die Eier trennen und das Eiweiß steif schlagen. Eigelb mit dem Zucker verrühren. Mehl, Backpulver, Salz, Milch und Öl dazurühren und zum Schluss das Eiweiß unterheben.

- Für einen Pancake 2–3 EL Teig in eine heiße Pfanne geben und in etwas Fett ausbacken. Die fertigen Pancakes im Backofen warm stellen. Währenddessen die Speckscheiben in der Pfanne anbraten, auf die Pancakes legen und etwas Ahornsirup darübergießen.

Variante Für Bananen-Pancakes eine Banane vierteln, in Scheiben schneiden, die Bananenstücke auf die Pancakes legen und mitbraten. Für Blaubeer-Pancakes Blaubeeren auf die Pancakes legen und mitbraten, für Honig-Pancakes die Pfannkuchen vor dem Verzehr mit Honig beträufeln.

Eigener Mehl-Mix Alternativ eine eigene Mehlmischung aus 35 g Kartoffelmehl, 60 g Reismehl, 20 g Hafermehl, 1 TL Johannisbrotkernmehl und 1 TL Flohsamenschalenpulver mischen.

Hmmm ... herrlich fruchtig!

Rosinenbrot

Für 15 Scheiben • gelingt leicht
5 Min. + Basisprogramm

200 ml Wasser • 150 ml lauwarme Milch • 1 TL Salz • 20 ml Olivenöl • 350 g glutenfreies Mehl (z. B. Mix Brot von Schär) • 1 Päckchen Trockenhefe • 70 g Rosinen

- Wasser, lauwarme Milch, Salz, Olivenöl, Mehl, Trockenhefe und Rosinen nacheinander in den Backbehälter füllen und das Basisprogramm wählen.

Mit viel Ballaststoffen

Körnerbrot

Für 15 Scheiben • gelingt leicht
5 Min. + Basisprogramm

300 ml Wasser • 1 TL Salz • 10 ml Öl • 300 g glutenfreies Mehl (z. B. Mix Brot von Schär) • 50 g Buchweizenmehl • 1 Päckchen Trockenhefe • 50 g Leinsamen • 50 g Sonnenblumenkerne

- Wasser, Salz, Öl, Mehl, Buchweizenmehl, Trockenhefe, Leinsamen und Sonnenblumenkerne nacheinander in den Backbehälter füllen und das Basisprogramm wählen.

Ohne Hefe schnell gezaubert

Quarkbrötchen

Für 12 Brötchen • geht schnell
5 Min. + 15 Min. Backzeit

250 g glutenfreies Mehl (z. B. Mix it! Universal von Schär) • 1 Päckchen Backpulver • 1 TL Zucker • 1 TL Salz • 250 g Quark • 150 ml Milch

- Den Backofen auf 200 Grad (Umluft 180 Grad) vorheizen. Mehl, Backpulver, Zucker und Salz vermischen. Quark und Milch dazugeben und verrühren.

- Den Teig entweder in Silikon-Muffinförmchen oder in einem gut eingefettetem Muffinbackblech portionieren oder mit befeuchteten Händen zu Brötchen formen (verlaufen dann im Backofen jedoch ein wenig in die Breite).

- Die Quarkbrötchen 15 Min. im Backofen backen. Anschließend herausnehmen und abkühlen lassen.

Eigener Mehl-Mix Funktioniert auch mit einer eigenen Mehlmischung aus 80 g Kartoffelmehl, 80 g Maismehl, 80 g Reismehl, 2TL Johannisbrotkernmehl und 1 TL Flohsamenpulver.

Beim Kneten helfen Kinder gern

Käsebrötchen

Für 12 Brötchen • gelingt leicht
40 Min. + 20 Min. Backzeit

500 g glutenfreies Mehl (z. B. Mix Brot von Schär) • 1 Päckchen Trockenhefe • 350 ml lauwarmes Wasser • Prise Salz • 20 ml Öl • 80 g Käse (z. B. Gouda) • 20 ml Milch

- Mehl, Hefe, Wasser, Salz und Öl gründlich miteinander verkneten. Den Käse raspeln und 30 g Käse zusammen mit der Milch unter den Teig kneten. Den Teig portionsweise zu Brötchen formen und auf ein mit Backpapier ausgelegtes Backblech legen. Die Brötchen etwa 30 Min. gehen lassen, währenddessen den Backofen auf 200 Grad (Umluft 180 Grad) vorheizen.

- Die Brötchen im Backofen 20 Min. backen und nach 10 Min. den restlichen Käse auf die Brötchen streuen.

Ob mit Körnern oder als Brezeln – immer gut

Einfache Brötchen

Für 12 Brötchen • gelingt leicht
⏲ 40 Min. + 20 Min. Backzeit

500 g glutenfreies Mehl (z. B. Mix Brot von Schär) • 1 Päckchen Trockenhefe • 350 ml lauwarmes Wasser • Prise Salz • 20 ml Öl

- Mehl, Hefe, Wasser, Salz und Öl in eine Schüssel füllen und gründlich miteinander verkneten. Den Teig portionsweise zu Brötchen formen und auf ein mit Backpapier ausgelegtes Backblech legen.

- Die Brötchen etwa 30 Min. gehen lassen. Den Backofen auf 200 Grad (Umluft 180 Grad) vorheizen. Nachdem die Brötchen aufgegangen sind, 20 Min. backen. Anschließend herausnehmen und abkühlen lassen.

Variante Für Körnerbrötchen den Brötchenteig mit Sonnenblumenkernen, Leinsamen oder Sesamkörnern bestreuen. Für Brezeln den Teig zu Brezeln formen, in Natronlauge (z. B. 1,5 l Wasser mit 2 EL Haushaltsnatron aufkochen) tauchen und anschließend mit grobem Salz bestreuen.

Tipp Die Brötchen lassen sich am besten mit angefeuchteten Händen formen.

Toll für Schule oder Kita

Hefefreie Käsebrötchen

Für 10 Brötchen • geht schnell
⏲ 10 Min. + 20 Min. Backzeit

100 g Käse (Gouda) • 220 g glutenfreies Mehl (z. B. Mix Brot von Schär) • 2 TL Backpulver • ½ TL Salz • 50 g Butter • 200 ml Milch

- Den Backofen auf 200 Grad (Umluft 180 Grad) vorheizen. Den Käse raspeln. Mehl, Backpulver, Salz, Butter, Milch und 50 g Käse in eine Schüssel geben und miteinander verkneten.

- Den Teig zu Brötchen formen und 20 Min. im Backofen backen und nach 10 Min. restlichen Käse auf die Brötchen streuen. Anschließend die Käsebrötchen herausnehmen und abkühlen lassen.

Eigener Mehl-Mix Funktioniert auch mit einer eigenen Mischung aus 75 g Kartoffelmehl, 75 g Maismehl, 75 g Reismehl, 2 TL Johannisbrotkernmehl und 1 TL Flohsamenpulver.

Der frische Brotduft zieht alle an

Tomaten-Schinken-Brot

Für 20 Scheiben • gelingt leicht
⏲ 50 Min. + 50 Min. Backzeit

50 g getrocknete eingelegte Tomaten • 375 g glutenfreies Mehl (z. B. Mix it! Universal von Schär) • 1 Päckchen Trockenhefe • 300 ml warmes Wasser • 2 EL Sonnenblumenöl • 1 TL Salz • 100 g Schinkenwürfel • 2 EL Petersilie • 2 EL Schnittlauch

- Den Backofen auf 200 Grad (Umluft 180 Grad) vorheizen. Die Tomaten in kleine Würfel schneiden. Mehl, Trockenhefe, Wasser, Sonnenblumenöl, Salz, Schinkenwürfel, Petersilie und Schnittlauch nacheinander in eine Schüssel geben und verrühren.

- Den Teig in eine bemehlte Brotbackform geben und anschließend etwa 40 Min. gehen lassen. Das Brot etwa 50 Min. im Backofen backen. Anschließend herausnehmen und abkühlen lassen.

Variante Auch als reines Schinkenbrot ein Genuss.

Mit Hirseflocken besonders luftig

Brot mit Teff

Für 20 Scheiben • gelingt leicht
⏲ 55 Min. + 40 Min. Backzeit

250 g glutenfreies Mehl (z. B. Mix Brot von Schär) • 125 g Teff (z. B. von 3 Pauly) • 25 g Hirseflocken • 5 g Salz • 1 Päckchen Trockenhefe • 350 ml Wasser • 15 g Butter

- Den Backofen auf 200 Grad (Umluft 180 Grad) vorheizen. Alle trockenen Zutaten miteinander vermischen. Dann Wasser und Butter hinzugeben und zu einem Teig kneten.

- Den Teig in eine bemehlte Brotbackform füllen und mit einem nassen Löffel glatt streichen. Den Teig 45 Min. gehen lassen und das Brot 40 Min. im Backofen backen. Anschließend herausnehmen und abkühlen lassen.

Backen ohne Fertigmehle

Für viele meiner Rezepte verwende ich glutenfreie Fertigmehle. Die gibt es im Supermarkt und sie sind beim Backen sehr verlässlich. Wer möchte, kann aber auch ganz einfach eigene Mischungen anfertigen oder gleich ganz auf Mehl beim Backen verzichten.

Mehle einfach selber mischen

In der glutenfreien Ernährung hat sich in den vergangenen Jahren sehr viel gewandelt und das Angebot an glutenfreien Produkten ist enorm gestiegen. Vor einigen Jahren musste beim Einkauf im Supermarkt noch auf glutenfreie Fertigmehle zurückgegriffen werden. Glutenfreie Ersatzmehle wie Reis-, Mais-, Hafer-, Linsenmehl etc. waren nur im Reformhaus oder über den Internetversandhandel erhältlich. Inzwischen gibt es aber auch im Supermarkt eine Auswahl an glutenfreien Ersatzmehlen, aus denen unkompliziert eigene Mehlmischungen zusammengestellt werden können. Glutenfreie Fertigmehle sind zwar sehr praktisch und erzielen äußerst gute, verlässliche Backergebnisse, weshalb ich nach wie vor gerne darauf zurückgreife.

Der Vorteil von eigenen Mehlmischungen ist aber: Sie sind meist günstiger als Fertigmehle und können individuell an den Geschmack und die Verträglichkeit angepasst werden. Außerdem wissen Sie bei eigenen Mehlmischungen ganz genau, welche Zutaten in welchem Verhältnis Bestandteil sind. In Fertigmehlmischungen ist zum Beispiel oftmals recht viel Zucker enthalten. Zu beachten ist jedoch, dass die Mehlmischungen unterschiedliche Bestandteile haben, sodass sie bei Rezepten mit großem Mehlanteil nicht problemlos ausgetauscht werden können.

Wer sein Mehl selbst mischen möchte sollte wissen, dass glutenfreie Mehlmischungen grundsätzlich aus drei Grundzutaten bestehen sollten: Stärke, Mehl und Bindemittel. Bindemittel ist sehr wichtig, um beim glutenfreien Backen eine fluffige Textur zu erzielen. Denn das Gluten, das beim glutenfreien Backen fehlt, ist maßgeblich für die Elastizität im Teig verantwortlich und muss kompensiert werden. Als Bindemittel eignen sich Zutaten wie Johannisbrotkernmehl, Guarkernmehl, Xanathan und gemahlene Flohsamenschalen. Als Faustformel gilt beim glutenfreien Backen: ⅓ Stärkemehl, ⅔ Mehle plus Bindemittel. Gängige Stärkemehle aus dem Supermarkt sind beispielsweise Kartoffelmehl und Maisstärke. Auch wenn die Auswahl an glutenfreien Mehlen in den Supermärkten sehr unterschiedlich ist, sind meist zumindest Reismehl, Maismehl und Buchweizenmehl im Sortiment zu finden.

Zu beachten ist, dass die unterschiedlichen Mehle unterschiedliche Backeigenschaften besitzen.

Während Maismehl Backwaren viel Feuchtigkeit entzieht und sie eher trockener werden lässt, dickt Reismehl beim Backen sehr nach und die Teige dürfen etwas flüssiger sein beziehungsweise benötigen unter Umständen mehr Flüssigkeitszugabe, bevor sie in den Backofen kommen.

Als Basis für Backwaren eignet sich für 250 g Mehl eine Mischung aus

- 80 g Kartoffelmehl (als Stärkeanteil)
- 80 g Maismehl
- 80 g Reismehl
- 2 TL Guarkernmehl
- 1 TL gemahlene Flohsamenschalenpulver

Alle Zutaten in einen Behälter füllen und gut durchmischen. Die Mehlsorten können auch durch andere Mehle ersetzt oder ergänzt werden. Für süße Backwaren können Anteile von Maismehl z.B. gut durch Kokosmehl ersetzt werden. Für Brote können Mehlanteile durch Hafer- oder Buchweizenmehl ausgetauscht werden.

In diesem Buch sind sowohl herzhafte als auch süße Backwaren mit eigenen Mehlmischungen zu finden, die als Grundlage für eigene, individuelle Mehlmischungen verwendet werden können.

Kuchen geht auch ohne Mehl

Eine andere Variante, glutenfrei zu backen, ist, vollständig auf Mehl zu verzichten. Dazu eignen sich idealerweise Teige auf Basis von Mandeln oder Quark in Kombination mit Eiern, die für eine gute Bindung sorgen und den Teig lockern. Seit jeher – ganz unabhängig von glutenfreier Ernährung – werden zum Beispiel traditionelle Backwaren wie Mandelkuchen hergestellt, die von Natur aus ganz ohne Mehl auskommen. Aber auch die beliebten Kühlschrankkuchen, bei denen kein Backen im Backofen erforderlich ist, funktionieren ohne Mehle. In diesem Buch sind mit der Zitronen-Sommertorte (Seite 93), der Nuss-Kirsch-Torte (Seite 94), dem Käsekuchen (Seite 95), dem Schokoladenkuchen (Seite 95), dem Birnen-Frischkäse-Kuchen (Seite 99), der Kokos-Himbeer-Torte (Seite 99) und der Marzipankipferl (Seite 110) eine Vielzahl unterschiedlicher mehlfreier Backwaren zu finden. Probieren Sie es aus!

Mit eigener Mehlmischung immer wieder variierbar

Kastenbrot

Für 10 Scheiben • gelingt leicht
⏲ 10 Min. + 35 Min. Gehzeit/Backzeit

200 g Reismehl • 100 g Kartoffelmehl • 4 TL Guarkernmehl • 15 g Flohsamenschalenpulver • 1 TL Salz • 1 Packung Trockenhefe • 1 EL Apfelessig • 20 g Sonnenblumenöl • 275 ml Wasser

- Reismehl, Kartoffelmehl, Guarkernmehl und Flohsamenschalenpulver miteinander vermischen. Das Salz hinzufügen.
- Die Hefe, anschließend das Wasser, den Apfelessig und das Öl dazugeben und den Teig verkneten.
- Den Teig in eine kleine Kastenform füllen, aufgehen lassen (ca. 45–60 Min.) und im vorgeheizten Backofen 35 Min. bei 200 Grad backen.

Tipp Wer sicher gehen möchte, dass die Hefe auch aktiv wird und den Teig schön aufgehen lässt, kann 50 ml der angegebenen Wassermenge mit 1 TL Zucker und der Hefe vorab in eine Schüssel geben und einige Minuten warten, bis die Hefe Bläschen bildet. Dann das Hefegemisch zu den trockenen Zutaten geben.

Ein Brot, das ohne Brotform auskommt

Rundbrot

15 Scheiben • gelingt leicht
⏲ 10 Min. + 36 Min. Gehzeit/Backzeit

50 g Kokosmehl • 50 g Leinsamenmehl • 175 g Reismehl • 175 g Maismehl • 10 g Flohsamenschalenpulver • 10 g Johannisbrotkernmehl • 1 TL Salz • 1 Packung Trockenhefe • 500 ml lauwarmes Wasser • 2 EL Olivenöl • TL Apfelessig

- Die Mehlmischung aus Kokosmehl, Leinsamenmehl, Reismehl, Flohsamenschalenpulver und Johannisbrotkernmehl herstellen und alles miteinander vermischen.
- Salz, Zucker Hefe und die flüssigen Zutaten dazugeben und den Teig verkneten.
- Anschließend den Teig zu einem runden Brot formen, ca. 45–60 Min. gehen lassen, bis sich der Teig deutlich vergrößert hat.
- Den Backofen währenddessen auf 200 Grad vorheizen, das Brot 30 Min. backen.

Tipp Wer sicher gehen möchte, dass die Hefe auch aktiv wird und den Teig schön aufgehen lässt, kann 50 ml der angegebenen Wassermenge mit 1 TL Zucker und der Hefe vorab in eine Schüssel geben und einige Minuten warten, bis die Hefe Bläschen bildet. Dann das Hefegemisch zu den trockenen Zutaten geben.

Variantenreich zu belegen

Pfannenbrot

Für 5 Stück • geht schnell
15 Min. + Gehzeit

50 g Kartoffelmehl • 30 g Maismehl • 80 g Reismehl • 2 TL Johannisbrotkernmehl • 1 EL Pflanzenöl • ½ TL Salz • ½ TL Zucker • 1 Packung Trockenhefe • 100 ml Wasser (lauwarm) • etwas Fett zum ausbacken

- Kartoffelmehl, Maismehl, Reismehl und Johannisbrotkernmehl miteinander vermischen.
- Anschließend Salz und Zucker untermischen.
- Dann die Hefe zu den Mehlen geben, danach das Wasser und das Öl. Alles gut miteinander verkneten.
- Den Teig etwa 1 Stunde gehen lassen. Anschließend in 5 Portionen teilen, mit bemehlten Händen zu Kugeln formen und platt drücken. Öl in einer Pfanne erhitzen und die Kugeln auf beiden Seiten jeweils einige Minuten ausbacken.

Tipp Die Pfannenbrote mit etwas geriebenem Mozzarella in der Pfanne belegen und mit Oregano und Majoran bestreuen.

Mit Körnern oder ohne

Hefebrötchen

5 Stück • gelingt leicht
10 Min. + 20 Min. Gehzeit/Backzeit

150 g Reismehl • 25 g Kartoffelmehl • 2 TL Johannisbrotkernmehl • 50 g Quark • 1 Prise Salz • 125 ml lauwarmes Wasser • 1 Packung Trockenhefe

- Reismehl, Kartoffelmehl und Johannisbrotkernmehl miteinander vermischen.
- Quark, Salz, Wasser und Hefe dazugeben und alles miteinander verkneten.
- Den Teig portionsweise auf ein Backblech geben und gehen lassen, bis sich das Teigvolumen deutlich vergrößert hat.
- Währenddessen den Backofen auf 180 Grad vorheizen. Die Brötchen 20 Min. backen.

Tipp Machen Sie eine bunte Brötchenmischung und kneten portionsweise Leinsamen, Sonnenblumenkerne oder Rosinen unter den Brötchenteig.

Auch zum Nachmittagskaffee

Bananen-Hafer-Schnitten

5 Portionen • gelingt leicht
5 Min. + 30 Min. Backzeit

2 Bananen • 380 ml Milch • 35 ml Honig • 200 g Haferflocken • 2 EL gemahlenen Leinsamen (wahlweise) • 1 TL Backpulver

- Den Backofen auf 180 Grad vorheizen.
- Eine Banane in einer Auflaufform mit einer Gabel zerdrücken. Anschließend Milch, Honig, Haferflocken, Leinsamen und Backpulver dazugeben und alles miteinander verrühren.
- Die andere Banane in dünne Scheiben schneiden und die Haferflockenmasse damit belegen.
- Den Teig etwa 30 Min. backen. Etwas abkühlen lassen, in Scheiben schneiden und frisch genießen.

Tipp Wer mag, rührt einige EL Rosinen unter die Haferflockenmasse.

Schnelle Frühstücksideen

Frische Brötchen oder Brot morgens selber backen – dafür fehlt in den allermeisten Familien einfach die Zeit. Es gibt glücklicherweise viele glutenfreie Frühstücksangebote, die schnell und unkompliziert sind. Hier unsere besten Ideen für ein abwechslungsreiches Frühstück.

- Pancakes (Seite 20), ein typisches amerikanisches Frühstück, sind schnell in der Pfanne frisch zubereitet.
- Ein reichhaltiges selbst zusammengemischtes Müsli (Seite 32), das in der Vorratsdose auf den Verzehr wartet, spart ebenfalls Zeit.
- Ein exotisches Polenta-Frühstück (Seite 32) schmeckt sowohl warm als auch kalt.
- Quarkbrötchen (Seite 23) und hefefreie Käsebrötchen (Seite 23) können morgens schnell zubereitet werden. Sie müssen nicht aufgehen und werden direkt zusammengerührt und gebacken.
- Selbstgemachte Wraps (Seite 34) lassen sich bereits am Vortag backen und werden morgens nur noch frisch belegt.
- Selbstgemachte Frühstückswaffeln (Seite 32) sind ideal zum Einfrieren und können morgens frisch aufgetoastet genossen werden.

Brötchen von diversen Diät-Herstellern sind meistens nur frisch aufgebacken wirklich schmackhaft. Für täglich frische Brötchen zu Hause kann daher ein kleiner Backofen mit Zeitschaltuhr eine praktische Investition sein. Einfach vor dem morgendlichen Gang ins Bad den Backofen anstellen und dank Zeitschaltuhr dürfen die Brötchen auch bis zum Frühstück in Vergessenheit geraten.

Für die Pause

Einige Tiefkühlbrötchen (z. B. Kaisersemmel von Schär) schmecken auch ohne Aufbacken lecker. Sie lassen sich prima morgens aus der Tiefkühltruhe nehmen, durchschneiden, belegen und einpacken. Nach ein bis zwei Stunden, also passend zur Frühstückspause, sind sie aufgetaut. Andere Brötchen (z. B. Panini oder Ciabatta von Schär) bleiben nach dem Aufbacken noch lange frisch und eignen sich ebenfalls hervorragend für die Frühstückspause außer Haus.

Backen im Brotbackautomaten

Frisches Brot morgens zu genießen gelingt unkompliziert mithilfe eines Brotbackautomaten: Am Vorabend einfach den Brotbackautomaten anstellen und morgens frisches Brot (Seite 23) genießen. Da glutenfreie Teige schnell verarbeitet werden müssen, weil sie sonst nicht gut aufgehen, sollte man nicht die Zeitschaltuhr mit automatischem Start nutzen. Und: Achten Sie beim Kauf eines Brotbackautomaten darauf, dass das Gerät ein Glutenfrei-Programm besitzt.

Der Pausenhit in der Brotbox

Frühstücks-waffeln

Für 6 Waffeln • gelingt leicht
20 Min.

50 g glutenfreies Mehl (z. B. Mix it! Universal von Schär) • 100 g glutenfreies dunkles Mehl (z. B. von Seitz) • 2 TL Backpulver • 250 ml Mineralwasser • Prise Salz

- Alle Zutaten in eine Schüssel geben und miteinander verrühren. Den Teig einige Minuten ruhen lassen, denn er dickt nach. Portionsweise 2 EL Teig in das heiße Waffeleisen füllen und 2 bis 3 Min. backen.

Tipp Die Waffeln sind ideal zum Vorbacken, denn sie können eingefroren und bei Bedarf im Toaster aufgetaut werden.

Exotisch mit Kokos und Mango

Polenta-Frühstück

Für 4 Portionen • geht schnell
10 Min.

350 ml Mango-Maracuja-Saft • 50 g Zucker • 150 g Polenta • 30 g Kokosraspeln • 150 ml Milch • 1 Banane

- Saft und Zucker in einem Topf aufkochen und die Polenta einrühren. Die Kokosraspeln in die angedickte Polenta rühren, Milch dazugeben, rührend aufkochen und den Topf vom Herd nehmen.
- Die Banane in mundgerechte Stücke schneiden und unterrühren.

Variante Für ein Kokos-Polenta-Dessert den Polentabrei ohne die Banane in eine flache Form füllen, auskühlen lassen, dann mit Mandelblättchen bestreuen und abgekühlt als Dessert verzehren.

Wenn es schnell gehen muss

Müsli aus der Vorratsdose

Für 10 Portionen • geht schnell
5 Min.

200 g glutenfreie Cornflakes (z. B. von Schär) • 100 g glutenfreie Haferflocken • 200 g Sonnenblumenkerne • 200 g Rosinen • 200 g getrocknete Cranberries • 200 g Hirseflocken • 200 g Reisflocken

- Cornflakes, Haferflocken, Sonnenblumenkerne, Rosinen, Cranberries, Hirse- und Reisflocken in eine große Vorratsdose füllen und vermischen.

Das passt dazu Zu dem fertig gemischten Müsli passt frisches Obst, Milch oder Joghurt.

Variante Je nach Geschmack können auch andere Trockenfrüchte, glutenfreie Nüsse oder Saaten verwendet werden.

» Frühstückswaffeln

Tim

KLEINE GERICHTE

Wraps als vegetarische Hauptmahlzeit

Wrap mit Spinat und Feta

Für 4 Portionen • braucht etwas mehr Zeit
⏲ 30 Min.

Grundrezept
200 g glutenfreies Mehl (z. B. Mix Brot von Schär) • 4 Eier • 320 ml Milch • 1 Prise Salz • etwas Öl

Für die Füllung
1 kg Blattspinat • 1 Zwiebel • etwas Fett • 60 g Pinienkerne • Pfeffer, frisch gemahlen • 100 g Feta

- Mehl, Eier, Milch und Salz in eine Schüssel geben und miteinander verrühren. Wenig Öl in einer Pfanne erhitzen und den Teig portionsweise hineingeben. Die Wraps von beiden Seiten kurz anbraten.

- Spinat waschen und putzen. Zwiebel abziehen und in kleine Würfel schneiden. In wenig Öl anbraten, Pinienkerne dazugeben und mitrösten. Den Spinat hinzufügen, zusammenfallen lassen und mit Pfeffer würzen.

- Feta in Würfel schneiden und unterheben, nicht schmelzen lassen. Die Masse auf den Wraps verteilen und fest aufrollen.

Mit pikanter Schärfe

Wrap mit Lachs und Meerrettich

Für 4 Portionen • gelingt leicht
10 Min.

150 g Crème fraîche • 2 EL Meerrettich • Salz • 200 g geräucherter Lachs

- Die Wraps nach Grundrezept (Seite 34) zubereiten.

- Crème fraîche und Meerrettich miteinander verrühren, mit Salz würzen. Die Wraps nacheinander mit der Creme bestreichen, mit Lachs belegen und fest aufrollen.

Wrap mit Geflügel

Wrap mit Pilzen und Pute

Für 4 Portionen • gelingt leicht
20 Min.

1 Zwiebel • 3 Tomaten • 200 g Pilze • 300 g Putenbrust • Salz • Pfeffer, frisch gemahlen • etwas Öl • 150 g Schmand

- Die Wraps nach Grundrezept (Seite 34) zubereiten.

- Zwiebel abziehen und würfeln. Tomaten waschen, achteln und Pilze in Scheiben schneiden. Putenbrust in Streifen schneiden, mit Salz und Pfeffer würzen und zusammen mit den Zwiebelwürfeln in etwas Öl anbraten. Pilze dazugeben und mit braten.

- Tomaten und Schmand dazugeben, mit Salz und Pfeffer abschmecken. Jeweils einige Esslöffel der Masse mittig auf den Wraps verteilen und fest aufrollen.

Pesto gibt den besonderen Pfiff

Wrap mit Tomaten und Rukola

Für 4 Portionen • gelingt leicht
10 Min.

100 g Schmand • 3 EL grünes Pesto • 2 Tomaten • 50 g Rukola • 4 Scheiben gekochter Schinken • 25 g Parmesan

- Die Wraps nach Grundrezept (Seite 34) zubereiten.

- Schmand und Pesto verrühren. Tomaten waschen, putzen und in Scheiben schneiden. Die Wraps jeweils mit der Pestocreme bestreichen und nacheinander mit Tomatenscheiben, etwas Rukola und 1 Scheibe Schinken belegen. Parmesan darüberstreuen und den Wrap fest aufrollen.

Variante Die gefüllten Wraps in einer heißer Pfanne mit etwas Fett unter Wenden erhitzen.

Hmm ... auch lecker als Frühstück!

Wrap mit Salat und Ziegenkäse

Für 4 Portionen • gelingt leicht
10 Min.

150 g Ziegenfrischkäse • ½ TL Honig • 1 TL Senf • 1 TL Zitronensaft • Salz • Pfeffer • 1 Möhre • ¼ Salatgurke • 4 Blätter Eisbergsalat •
8 Scheiben Schinken

- Die Wraps nach Grundrezept (Seite 34) zubereiten.

- Ziegenfrischkäse, Honig, Senf und Zitronensaft miteinander verrühren, mit Salz und Pfeffer abschmecken. Möhre und Gurke schälen und danach in Scheiben schneiden.

- Die Wraps nacheinander mit Creme bestreichen, mit Salat, Schinken, Möhren- und Gurkenscheiben belegen, dann fest aufrollen.

Variante Zum Bestreichen eignet sich auch Tomatenmark, Pesto, Frischkäse oder Schmand. Die Wraps können auch mit weiteren Gemüsestreifen (z. B. Paprika) oder mit einer Scheibe Käse belegt werden – je nach Geschmack.

Ohne Hefe – ruckzuck auf dem Tisch

Fladenbrot mit Rukola

2 runde Pizzableche • geht schnell
10 Min. + 20 Min. Backzeit

100 g Kartoffelmehl • 100 g Reismehl • 100 g Maismehl • 3 TL Guarkernmehl • 10 g Flohsamenschalenpulver • (oder alternativ: 330 g glutenfreie Fertigmehlmischung) • 1 Packung Backpulver • 1 TL Salz • 1 TL Zucker • 370 ml Milch (oder: bei Fertigmehlmischung ca 320ml) • etwas Oregano und Majoran • 200 g geriebenen Käse (z.B. Mozzarella) • 100 g Kräuter Crème fraîche • 1 Handvoll Rukola • 2 EL geriebenen Parmesan

- Den Backofen auf 180 Grad vorheizen.

- Kartoffelmehl, Reismehl, Maismehl, Guarkernmehl und Flohsamenschalenpulver zusammenmischen oder alternativ eine Fertigmehlmischung verwenden.

- Anschließend Salz, Zucker, Milch, Kräuter und 100 g geriebenen Käse unterrühren.

- Den Teig auf zwei runde Pizzableche (alternativ auf ein Backblech) mit einem Messer verstreichen. Ist der Teig zu klebrig, die Hände mit Wasser anfeuchten und den Teig mit dem Handrücken entsprechend verteilen.

- Die Bleche 10 Min. in den Backofen geben. Dann die Teige mit Crème fraîche bestreichen und mit dem restlichen Käse bestreuen. Erneut 10 Min. im Backofen backen.

- Rukola waschen, auf die Teige verteilen und mit Parmesan bestreuen.

Mit gerösteten Pinienkernen

Caprese

Für 4 Portionen • gelingt leicht
⏲ 10 Min.

2 EL Pinienkerne • 5 Tomaten • 250 g Mozzarella • 3 EL Balsamico-Essig • 3 EL Olivenöl • Salz • Pfeffer, frisch gemahlen • ½ Bund Basilikum

- Die Pinienkerne in einer Pfanne ohne Fett anrösten. Tomaten und Mozzarella in Scheiben schneiden und überlappend nebeneinander anrichten.

- Mit Essig und Öl beträufeln, salzen und pfeffern. Basilikum zupfen, die Blättchen waschen. Die geschichteten Tomate-Mozzarella-Scheiben mit Basilikumblättern und Pinienkernen bestreuen.

Variante Besonders delikat mit Büffelmozzarella.

Lecker mit frischer Petersilie

Griechischer Bauernsalat

Für 4 Portionen • gelingt leicht
⏲ 15 Min.

1 Salatgurke • 1 rote Paprikaschote • 1 gelbe Paprikaschote • 5 Tomaten • 1 rote Zwiebel • 10 grüne Oliven • 10 schwarze Oliven • 175 g Feta • Dressing: Essig-Öl-Vinaigrette (Seite 51)

- Die Gurke waschen, vierteln und anschließend in mundgerechte Stücke schneiden. Paprikaschoten waschen, entkernen, würfeln und zu den Gurken geben. Tomaten waschen, achteln und hinzufügen.

- Oliven entkernen, Zwiebeln in dünne Scheiben schneiden und beides zum Gemüse geben. Feta in Würfel schneiden und unterheben. Das Dressing zubereiten, zugeben und den Salat durchmischen.

Fruchtig und leicht scharf

Reissalat

Für 4 Portionen • braucht etwas mehr Zeit
⏲ 30 Min.

250 g Reis • 200 g gekochter Schinken • 200 g Mandarinen • 4 EL Mayonnaise (Seite 56) • 3 EL Mandarinensaft • 2 EL Tomatenmark • Salz • Pfeffer, frisch gemahlen • Currypulver

- Reis nach Packungsanweisung kochen und abkühlen lassen. Den Schinken würfeln. Mandarinen abgießen, dabei 3 EL Mandarinensaft auffangen. Mandarinensaft mit Mayonnaise und Tomatenmark verrühren und mit Salz, Pfeffer und Currypulver abschmecken.

- Den Reis, die Mandarinen und den Schinken mit der Sauce vermischen.

« Caprese (mit Büffelmozzarella)

Ein Muss beim Familientreffen

Kartoffelsalat

Für 4 Portionen • braucht etwas mehr Zeit
40 Min.

1 kg Kartoffeln • 2 Eier • 200 g eingelegte Gurken • 4 EL Gurkensaft • 50 g Schinkenwurst (am Stück) • 1 Zwiebel • 5 EL Mayonnaise (Seite 56) • ½ TL Senf • 3 EL Mais

- Die Kartoffeln schälen, kochen, abgießen und abkühlen lassen. Anschließend in mundgerechte Stücke schneiden. Die Eier hart kochen und anschließend würfeln. Gurken abgießen, dabei 4 EL Gurkensaft auffangen.

- Gurken und Schinkenwurst in kleine Stücke schneiden. Die Zwiebel abziehen und fein schneiden. Mayonnaise mit Senf und Gurkensaft verrühren. Eier und Zwiebeln zur Sauce geben, danach Gurken, Schinken, Mais und Kartoffelscheiben unterheben.

Köstlich frisch aus Opas Garten

Gurkensalat mit Dill

Für 4 Portionen • preisgünstig
10 Min.

1 Salatgurke • 2 EL Essig • 1 Prise Salz • 1 Prise Zucker • 2 EL Öl • ½ Bund Dill

- Die Salatgurke schälen und in dünne Scheiben schneiden. Essig, Salz und Zucker miteinander verrühren, Öl dazugeben und kräftig unterschlagen. Dressing und Gurkenscheiben vermengen.

- Dill waschen, die Dillspitzen abzupfen und fein hacken. Den Salat mit dem Dill bestreuen.

Knackig-frisches Raspelgemüse

Farmersalat

Für 4 Portionen • geht schnell
15 Min.

1 Stange Porree • ½ Sellerieknolle • 1 Apfel • 6 Möhren • 5 EL Mayonnaise (Seite 56)

- Porree längs aufschneiden, gründlich waschen und klein schneiden. Sellerie, Apfel und Möhren schälen, in feine Streifen raspeln und miteinander vermischen. Anschließend alles mit Mayonnaise verrühren.

Eine Torte voller Vitamine

Salattorte

Für 4 Portionen • gut vorzubereiten
20 Min. + 1 Tag Ziehzeit

4 hart gekochte Eier • 1 Eisbergsalat • 1 Salatgurke • 2 Zwiebeln • 4 Tomaten • 1 Stange Porree • 200 g gekochter Schinken • 1 Bund Radieschen • 150 g geraspelter Käse

- Einen Tortenring auf eine Tortenplatte stellen. Den Salat waschen, in Stücke zupfen und übereinanderlappend in den Tortenring legen.

- Die Gurke waschen und in Scheiben schneiden. Zwiebeln abziehen und in Ringe schneiden. Tomaten waschen und in Scheiben schneiden. Porree gründlich waschen und in Ringe schneiden. Schinken würfeln, Eier und Radieschen in Scheiben schneiden. Alle Zutaten nacheinander auf den Salat schichten.

- Die Salattorte 1 Tag kühl stellen, zwischendurch die Flüssigkeit ablaufen lassen. Vor dem Servieren den Käse aufstreuen. Der Salat wird mit einem scharfen Messer wie eine Torte angeschnitten.

Das passt dazu Balsamico-Honig-Senf-Dressing (Seite 56).

Fruchtig, bunt und gesund

Obstsalat

Für 4 Portionen • gelingt leicht
15 Min.

2 Äpfel • 1 Zitrone • 3 Bananen • 1 Pfirsich • 100 g Weintrauben • 4 EL Zucker • 1 Päckchen Vanillezucker

- Die Äpfel schälen, in mundgerechte Stücke schneiden und mit etwas Zitronensaft beträufeln. Die Bananen in Scheiben schneiden. Den Pfirsich waschen und in mundgerechte Stücke schneiden.

- Apfelstücke, Bananenscheiben, Pfirsichstücke und Weintrauben miteinander vermischen. Anschließend alles mit Zucker und Vanillezucker bestreuen.

Kinderleicht und im Nu fertig

Fruchtiger Gemüsesalat

Für 4 Portionen • geht schnell
5 Min.

1 kleine Dose Erbsen • 1 kleine Dose Mais • 1 Glas geraspelte Möhren • 1 Dose Ananas in Stücken • 1 Glas Sellerie • 1 Packung Fleischsalat

- Den Saft aus den Gläsern und Dosen abgießen. Alle Zutaten mit dem Fleischsalat vermengen.

Tipp Wegen der schnellen Zubereitung ist dies ein idealer Last-Minute-Salat für spontane Grillabende.

Variante Wer den Salat mit frischen Komponenten servieren möchte, tauscht einige Zutaten einfach durch frische aus oder gibt eine gewürfelte rote Paprikaschote dazu.

Im Sommer als Hauptspeise

Gemischter Salat

Für 4 Portionen • gelingt leicht
15 Min.

3 hart gekochte Eier • ½ Kopf Eisbergsalat • 1 Salatgurke • 1 rote Paprikaschote • 1 gelbe Paprikaschote • 1 Zwiebel • 4 Tomaten • 200 g Mais • Essig-Öl-Vinaigrette (Seite 51)

- Die Eier in Scheiben schneiden. Den Salat waschen und in Streifen schneiden. Salatgurke waschen, vierteln und ebenfalls in Scheiben schneiden.

- Paprikaschoten waschen, putzen und würfeln. Zwiebel pellen und in Ringe schneiden, Tomaten waschen und achteln. Mais, Paprikaschoten, Tomaten, Gurke miteinander vermischen.

- Die Salatstreifen jeweils auf einen Teller legen und das vermischte Gemüse mittig darauf verteilen. Den Salat mit dem Dressing begießen und mit Zwiebelringen und Eischeiben dekorieren.

Das passt dazu Lecker mit gebratenem Frühstücksspeck.

Bunte Nester aus Gemüse

Gemüsenudeln

Für 4 Portionen • braucht etwas mehr Zeit
⏲ 20 Min.

2 Möhren • ¼ Sellerieknolle • 1 Kohlrabi • ½ Salatgurke • 1 Zucchini • Dressing: Essig-Öl-Vinaigrette (Seite 51)

● Möhren, Sellerie und Kohlrabi schälen. Gurke und Zucchini waschen. Möhren, Sellerie, Kohlrabi, Gurke und Zucchini jeweils in lange Streifen schneiden (das geht am besten mit einem Gemüsehobel).

● Die Gemüsestreifen je Gemüsesorte zu Nestern formen und nebeneinander anrichten. Das Dressing zubereiten und die Gemüsenudeln mit der Essig-Öl-Vinaigrette beträufeln.

Schön fruchtig

Ananassalat

Für 4 Portionen • gut vorzubereiten
⏲ 20 Min. + einige Stunden Ziehzeit

3 Eier • 3 Äpfel • 1 Ananas (alternativ 1 Dose Ananas) • 2 Stangen Porree • 200 g Mayonnaise (Seite 56)

● Die Eier hart kochen, pellen und in kleine Würfel schneiden. Die Äpfel schälen und ebenfalls würfeln. Die Ananas schälen, den harten Strunk entfernen und das Ananasfruchtfleisch in mundgerechte Stücke schneiden.

● Die Porreestangen längs aufschneiden, gründlich waschen und den Porree klein schneiden. Äpfel, Ananas, Porree und Eier mit der Mayonaise vermischen. Den Salat einige Stunden (am besten über Nacht) ziehen lassen.

Gemüse dippen lieben Kinder

Gemüsesticks

Für 4 Portionen • gelingt leicht
⏲ 10 Min.

3 Möhren • 1 Kohlrabi • 1 Salatgurke • 1 rote Paprikaschote • 1 gelbe Paprikaschote • 1 Bund Radieschen

● Möhren und Kohlrabi schälen. Die Gurke waschen, vierteln und entkernen. Paprikaschoten waschen und entkernen. Alle Gemüsesorten in mundgerechte Stifte schneiden.

Das passt dazu Servieren Sie zum Dippen einen Honig-Senf-Dip (Seite 56).

» Gemüsenudeln

Mit der roten Vitamin-C-Bombe

Paprikacremesuppe

Für 4 Portionen • gelingt leicht
30 Min.

2 Zwiebeln • 4 rote Paprikaschoten • etwas Öl • 1 EL Tomatenmark • 400 ml Brühe • 100 g Sahne • Salz • Pfeffer, frisch gemahlen • 1 Bund Dill • 4 EL Crème fraîche

- Die Zwiebeln abziehen und fein würfel. Paprikaschoten waschen, putzen und in kleine Stücke schneiden. Zwiebeln in heißem Öl anschwitzen, Paprikaschoten und Tomatenmark dazugeben. Mit Brühe ablöschen und etwas einkochen lassen.

- Alle Zutaten mit dem Pürierstab pürieren, die Sahne dazugeben, mit Salz und Pfeffer abschmecken. Dill waschen, die Dillspitzen abzupfen und klein hacken. Die Suppe auf Teller verteilen und jeweils 1 EL Crème fraîche in die Mitte setzen und mit dem Dill garnieren.

Eine feine Gemüsecremesuppe

Blumenkohlsuppe mit Lachs

Für 4 Portionen • gelingt leicht
45 Min.

700 g Kartoffeln • 300 g Blumenkohl • 500 ml Brühe • Salz • Pfeffer • Muskatnuss, frisch gerieben • 50 g Sahne • 100 g Räucherlachs • 4 EL Petersilie, gehackt

- Die Kartoffeln schälen und klein schneiden. Blumenkohl in einzelne Röschen zerlegen und zusammen mit den Kartoffeln in der Brühe gar kochen. Anschließend mit dem Pürierstab pürieren. Mit Salz, Pfeffer und Muskat abschmecken.

- Die Sahne dazugeben. Lachs in Streifen schneiden und in die Suppe legen. Die Suppe auf Teller verteilen und mit der Petersilie garnieren.

Für Rukola-Liebhaber

Rukolacremesuppe

Für 4 Portionen • gelingt leicht
30 Min.

400 g Rukola • 1 Zwiebel • etwas Öl • 400 ml Brühe • 100 g Sahne • 1 Prise Salz • 1 Prise Pfeffer, frisch gemahlen • 1 Prise Muskatnuss, frisch gerieben • 4 EL Pinienkerne

- Rukola waschen, putzen und die Rukolastiele entfernen. Zwiebel abziehen, in kleine Würfel schneiden und in heißem Öl anschwitzen. Rukola dazugeben, mit Brühe ablöschen und 15 Min. einkochen lassen.

- Anschließend die Suppe mit dem Pürierstab pürieren. Die Sahne dazugeben und mit Salz, Pfeffer und Muskat würzen. Die Pinienkerne in einer Pfanne ohne Fett anrösten. Die Suppe auf Teller verteilen und mit den Pinienkernen garnieren.

« Paprikacremesuppe

Auch für große Mengen geeignet

Partysuppe

Für 10 Portionen • gut vorzubereiten
⏲ 40 Min.

etwas Öl • 1 kg gemischtes Schweine- und Rinderhackfleisch in Bioqualität • 1 Glas Gewürzgurken • 500 g passierte Tomaten • 300 ml Brühe • 1 Dose Ananas • 200 g Tomatenpaprika • 1 Dose Champignons • 400 ml Tomatenketchup • 200 g Tomatenmark • 400 g Schmelzkäse • 200 g Sahne

- Etwas Öl in einen Topf geben und das Hackfleisch darin krümelig anbraten. Die Gewürzgurken in Scheiben schneiden. Nacheinander passierte Tomaten, Brühe, Ananas (mit Saft), Gewürzgurken, Tomatenpaprika, Champignons, Tomatenketchup, Tomatenmark zu dem Hackfleisch geben und ca. 20 Min. einkochen.

- Schmelzkäse in Würfel schneiden und unterrühren, bis er sich auflöst. Zum Schluss Sahne dazugeben.

Tipp Die Suppe lässt sich gut portionsweise einfrieren – für Tage, an denen es schnell gehen muss!

Beliebt bei den ganz Kleinen

Kartoffelcremesuppe

Für 4 Portionen • preisgünstig
⏲ 40 Min.

1,5 kg Kartoffeln • 2 Zwiebeln • 1 Stange Porree • 100 g Salami • 600 ml Brühe • Salz • Pfeffer, frisch gemahlen • 150 g Sahne • etwas Fett • 4 Wiener Würstchen

- Die Kartoffeln schälen und in kleine Stücke schneiden. Die Zwiebeln abziehen und fein schneiden. Porree längs aufschneiden, gründlich waschen und in feine Ringe schneiden. Die Salami klein schneiden.

- Zwiebeln, Porree und Salami im Fett andünsten. Mit Brühe ablöschen, Kartoffeln dazugeben und gar kochen. Die Suppe mit Salz und Pfeffer würzen, anschließend alles pürieren. Dann die Sahne unterrühren, Würstchen hinzufügen und warm werden lassen.

Ein grüner Vitaminkick

Brokkolicremesuppe

Für 4 Portionen • gelingt leicht
⏲ 40 Min.

500 g Kartoffeln • 350 g Brokkoli • 1 Zwiebel • etwas Öl • 600 ml Brühe • Salz • Pfeffer, frisch gemahlen • 50 Sahne • 40 g Parmesan

- Kartoffeln schälen und klein schneiden. Brokkoli waschen und in Röschen zerteilen. Zwiebel abziehen, fein würfeln und im Öl andünsten. Anschließend mit Brühe ablöschen, Kartoffeln und Brokkoli dazugeben und alles gar kochen.

- Alle Zutaten mit einem Pürierstab pürieren. Die Suppe mit Salz und Pfeffer abschmecken und mit der Sahne verfeinern. Die Suppe auf Teller verteilen und mit etwas Parmesan garnieren.

Variante 40 g mageren Kochschinken in Streifen schneiden und über die Suppe streuen.

Gut geeignet für große Mengen

Käsesuppe

Für 4 Portionen • gelingt leicht
⏲ 40 Min.

1 Zwiebel • 300 g gemischtes Schweine- und Rinderhackfleisch in Bioqualität • etwas Öl • 1 Stange Porree • 750 ml Brühe • 200 g Schmelzkäse • 100 g Schmand • 1 Prise Salz • 1 EL Petersilie • 1 EL Schnittlauch • bei Bedarf etwas Speisestärke zum Binden

- Zwiebel abziehen, fein würfeln und zusammen mit dem Hackfleisch in einem großen Topf in Öl anbraten. Währenddessen Porree längs aufschneiden, gründlich waschen, in Ringe schneiden und hinzufügen. Alles mit Brühe ablöschen und 20 Min. einkochen.

- Schmelzkäse in den Topf geben und unter Rühren auflösen. Petersilie waschen und fein hacken, Schnittlauch waschen und in Röllchen schneiden. Schmand, Petersilie und Schnittlauch unterrühren. Bei Bedarf die Suppe mit etwas Stärke binden (etwas Stärke mit ein wenig Wasser glatt rühren, in die Suppe geben und rührend aufkochen).

Schnell gezaubert

Chinesische Glasnudelsuppe

Für 4 Portionen • gelingt leicht
⏲ 40 Min.

200 g gemischtes Schweine- und Rinderhackfleisch in Bioqualität • etwas Öl • Salz • Pfeffer, frisch gemahlen • 800 ml Hühnerbrühe • 200 g Tomatenpaprika (aus dem Glas) • 100 g Glasnudeln • 150 g Sojabohnensprossen • 2 EL Sojasauce • 1 EL Essig • 2 EL Zucker • bei Bedarf etwas Speisestärke zum Binden

- Hackfleisch in etwas Öl anbraten, mit Salz und Pfeffer würzen und anschließend mit Brühe ablöschen. Tomatenpaprika klein schneiden und zusammen mit Sojabohnensprossen dazugeben. Mit Sojasauce, Essig, Salz und Pfeffer würzen.

- Glasnudeln nach Packungsanweisung zubereiten, anschließend in mundgerechte Stücke schneiden und zur Suppe hinzufügen. Bei Bedarf die Suppe mit etwas Stärke binden (etwas Stärke mit ein wenig Wasser glatt rühren, in die Suppe geben und rührend aufkochen).

Der exotische Duft lockt alle an

Kokos-Suppe mit Garnelen

Für 4 Portionen • geht schnell
⏲ 20 Min.

1 Bund Frühlingszwiebeln • etwas Öl • 500 g passierte Tomaten • 150 ml Brühe • 400 ml Kokosmilch • Salz • Pfeffer, frisch gemahlen • 1 Prise Zucker • 12 küchenfertige Garnelen • 4 Holzspieße oder 4 Stängel Zitronengras • 4 TL Kokosraspeln

- Frühlingszwiebeln waschen, putzen, fein schneiden und in etwas Öl anbraten. Passierte Tomaten, Brühe und Kokosmilch hinzugießen und 3 Min. einkochen. Anschließend mit Salz, Pfeffer und Zucker abschmecken.

- Währenddessen die Garnelen in etwas Öl braten, mit Salz und Pfeffer würzen und jeweils 3 Garnelen auf Spieße (oder Zitronengras) stecken. Die Suppe auf Teller verteilen, mit Kokosraspeln garnieren und die Garnelenspieße dazulegen.

Ruckzuck zubereitet

Datteln im Speckmantel

Für 4 Portionen • geht schnell
10 Min.

20 Datteln • 20 geschälte Mandeln • 10 Scheiben Schinken (Serranoschinken oder Frühstücksspeck) • etwas Öl

- Datteln entsteinen und jeweils mit einer Mandel füllen. Schinkenscheiben halbieren und jede Dattel mit einem Schinkenstreifen umwickeln. Datteln in einer Pfanne in etwas Öl kurz anbraten.

Variante Datteln im Speckmantel sind auch ohne Mandeln ein leckerer Snack.

Einfach (und) köstlich

Zucchini-Röllchen

Für 4 Portionen • gelingt leicht
15 Min.

2 Zucchini • etwas Öl • Salz • Pfeffer, frisch gemahlen • 100 g Ziegenfrischkäse

- Zucchini schälen, längs in Streifen schneiden, salzen und pfeffern. Die Zucchinistreifen in einer Pfanne in wenig Öl anbraten. Anschließend etwas abkühlen lassen, mit Ziegenfrischkäse bestreichen und aufrollen.

Variante Rukolablätter auf den Frischkäse legen und mit aufrollen.

Tipp Besonders hübsch sind die Zucchini-Röllchen, wenn sie mit bunten Fähnchen dekoriert oder mit Schnittlauch zusammengebunden werden. Schnittlauch lässt sich gut binden, wenn er vorher kurz in heißes Wasser getaucht wurde.

Herrlich erfrischend

Melonen-Schinken-Röllchen

Für 4 Portionen • geht schnell
10 Min.

1 Honigmelone • 12 Scheiben roher Schinken

- Die Melone schälen, entkernen und 12 Scheiben herausschneiden. Die Melonenscheiben mit Schinken umwickeln und anrichten.

Variante Eine fruchtige Note gibt es, wenn jeweils eine Weintraube, ein Stückchen Kiwi oder eine Physalis mit einem Fähnchen auf die Melonen-Schinken-Röllchen gespießt werden.

» Datteln im Speckmantel und Zucchini-Röllchen – für eine Party arrangiert

Schmecken warm und kalt

Krosse Paprika-Kartoffeln

Für 4 Portionen • gut vorzubereiten
⏲ 40 Min.

800 g Kartoffeln • 4 EL Olivenöl • Paprikapulver

- Die Kartoffeln gründlich unter fließendem Wasser schrubben und mit der Schale in Salzwasser gar kochen, danach abkühlen lassen und vierteln.

- Öl und Paprikapulver in einer Schüssel verrühren, Kartoffeln darin wälzen und anschließend die Kartoffeln in einer Pfanne kross braten.

Variante Wer es pikanter mag, gibt Knoblauch und in Ringe geschnittene Peperoni mit in die Pfanne.

Schön fürs Büfett

Marinierte Paprikaschoten

Für 4 Portionen • gelingt leicht
⏲ 30 Min. + 4 Stunden Marinierzeit

4 Paprikaschoten • 1 Knoblauchzehe • 4 EL Olivenöl • 3 EL Kräuteressig • 1 TL Thymian • Salz • Pfeffer, frisch gemahlen

- Den Backofen auf 200 Grad (Umluft 180 Grad) vorheizen. Paprikaschoten waschen, halbieren und entkernen. Zum Häuten die Paprikaschoten etwa 25 Min. in den Backofen geben, bis sich Blasen auf der Paprika bilden. Herausnehmen, ein feuchtes Tuch auf die Paprikaschoten legen und anschließend die Haut abziehen.

- Knoblauchzehe zerdrücken und mit Öl, Essig, Thymian, Salz und Pfeffer verrühren. Paprikaschoten in Streifen schneiden und in der Marinade einige Stunden einlegen.

Ganz einfach, aber köstlich

Marinierte Kartoffeln

Für 4 Portionen • gelingt leicht
⏲ 30 Min. + 1 Stunde Marinierzeit

6 Kartoffeln • 500 ml Gemüsebrühe • 4 EL Balsamicoessig • 2 TL Rosmarinnadeln • Salz • Pfeffer, frisch gemahlen • 6 EL Öl

- Kartoffeln schälen, vierteln und in der Gemüsebrühe gar kochen. Essig mit Rosmarinnadeln, Salz und Pfeffer vermischen. Zuletzt das Olivenöl unterschlagen.

- 4 EL Gemüsebrühe mit der Marinade verrühren und über die heißen Kartoffeln gießen. Kartoffeln etwa 1 Stunde unter mehrmaligem Wenden marinieren.

Ein prima Dip

Avocadocreme

Für 4 Portionen • geht schnell
⏲ 10 Min.

2 Avocados • 2 Frühlingszwiebeln • 2 TL Schmand • 1 TL Zitronensaft • Salz • Pfeffer, frisch gemahlen

● Avocados vierteln und Fruchtfleisch aus der Schale lösen. Frühlingszwiebeln waschen, putzen, klein schneiden und zusammen mit dem Fruchtfleisch pürieren. Schmand unterrühren und mit Zitronensaft, Salz und Pfeffer würzen.

Ein Dressing-Allrounder für Salat

Vinaigrette

Für 4 Portionen • geht schnell
⏲ 5 Min.

3 EL Kräuteressig (oder ein anderer heller Essig) • 1 Prise Salz • 1 Prise Zucker • 1 Prise Pfeffer, frisch gemahlen • 6 EL Olivenöl

● Kräuteressig mit Salz, Zucker und Peffer vermischen. Dann das Öl dazugeben und kräftig unterschlagen.

Variante Für eine Kräutermarinade 3 EL gehackte Kräuter dazugeben (z. B. Schnittlauch, Petersilie) – ideal für Blattsalate. Für eine würzige Vinaigrette 1 TL Senf einrühren, bevor das Öl dazugegeben wird. Zusätzlich 1 Zwiebel in kleine Würfel schneiden und unter das Dressing mischen. Für eine mediterrane Vinaigrette Weinessig verwenden, zuzüglich 2 EL Zitronensaft und etwas Oregano.

Schön frisch und leicht

Joghurt-Dressing

Für 4 Portionen • geht schnell
⏲ 5 Min.

4 EL frische Kräuter (z. B. Petersilie, Schnittlauch, Dill) • 150 g Joghurt • 1/4 TL Salz • Zitronensaft

● Kräuter hacken und mit Joghurt, Salz und 1 Spritzer Zitronensaft verrühren.

Variante Für ein leicht säuerliches Dressing einfach den Joghurt durch saure Sahne ersetzen.

Essen außer Haus

Eine der Herausforderungen im glutenfreien Alltag ist insbesondere am Anfang die Ernährung außer Haus. Der Besuch im Restaurant oder der Kantine will gut geplant sein, aber auch hier spielt sich schnell Routine ein.

Unterwegs und fürs Büro eignen sich aufgezählte Lebensmittel und Speisen besonders gut:

- glutenfreie Brötchen (Seite 23), Waffeln (Seite 32), Pancakes (Seite 20), Wraps (Seite 34), glutenfreies Brot (Seite 23) und in Dosen abgepacktes Müsli (Seite 32).
- Salate mit Dressing
- kalte Fleischspeisen: z. B. Frikadelle (Seite 86) mit Dip, Wiener Würstchen mit Senf, Mini-Salamis (z. B. Bifi), gebratene Würstchen mit Ketchup
- Gemüse-Sticks mit Dip (Seite 42)
- Obst
- Käsewürfel

Essen unterwegs

Wenn bei der Arbeit eine Möglichkeit zum Aufwärmen vorhanden ist, eignen sich insbesondere Eintöpfe, Suppen und Reste vom Vortag oder auch spezielle Fertiggerichte von Diät-Herstellern. Es gibt aber auch einige (wenige) glutenfreie Dosengerichte.

- Fertiggerichte im »normalen« Supermarkt (wie z. B. einige Dosen-Tomatensuppen und auch einige Menüschalen) – es lohnt sich einmal reichlich Zeit beim Einkaufen zu nehmen und die Zutatenlisten der einzelnen Fertiggerichte genau durchzuschauen.
- Pommes bei Mc Donalds sind ebenfalls eine Möglichkeit (glutenfrei aber nur dann, wenn nicht zeitgleich ein anderes Kartoffelprodukt angeboten wird).
- Wer seine Mittagspause bislang im Restaurant verbracht hat, muss auch in Zukunft nicht darauf verzichten. Nach Rücksprache mit dem Koch lässt sich eigentlich in jedem Restaurant ein glutenfreies Menü zusammenstellen. Sogar Pizzerien sind manchmal offen für glutenfreie Zubereitungen und bereit, mitgebrachte Pizzaböden separat und glutenfrei zu belegen und zu backen.
- Es empfiehlt sich, stets ein paar Scheiben Brot (platzsparend sind z. B. die einzeln abgepackten Brotscheiben »Brot-Mix« von Seitz), Kräcker (z. B. »Crackers Pocket« von Schär) oder Reiswaffeln als Notfallration bei sich am Arbeitsplatz oder im Auto zu haben – falls der Arbeitstag oder Ausflug doch ein wenig länger dauert und sich unerwartet Hunger meldet. Glutenfreie Hungerstiller wie Obst, Gemüse, Naturkäse, Joghurts gibt es in jedem normalen Supermarkt.

Da greifen alle gerne zu

Tomaten-Feta-Muffins

Für 12 Muffins • gelingt leicht
15 Min. + 30 Min. Backzeit

80 g getrocknete, eingelegte Tomaten • 100 g Feta • 1 Ei • 80 ml Öl • 250 g Joghurt • ½ TL Salz • ½ TL Pfeffer, frisch gemahlen • 200 g glutenfreies Mehl (z. B. Mix it! Universal von Schär) • 2 TL Backpulver

● Den Backofen auf 180 Grad (Umluft 160 Grad) vorheizen. Tomaten und Feta in kleine Stücke schneiden. Ei, Öl, Joghurt, Salz und Pfeffer miteinander verrühren. Anschließend Mehl und Backpulver kurz unterrühren, dann die Tomatenstücke hinzufügen.

● Den Teig in eingefettete Muffinformen oder Silikonmuffinformen geben, kleine Fetawürfel in die Mitte der Muffins drücken, danach Muffins mit dem restlichen Feta bestreuen. Die Muffins 30 Min. im vorgeheizten Backofen backen.

Ideal fürs Picknick!

Schinken-Muffins

Für 12 Muffins • geht schnell
10 Min. + 30 Min. Backzeit

30 g Käse (Gouda) • 1 Ei • 80 ml Öl • 250 g Joghurt • ½ TL Salz • ½ TL Pfeffer, frisch gemahlen • 200 g glutenfreies Mehl (z. B. Mix it! Universal von Schär) • 2 TL Backpulver • 75 g Schinkenwürfel

● Den Backofen auf 180 Grad (Umluft 160 Grad) vorheizen. Käse raspeln. Ei, Öl, Joghurt, Salz und Pfeffer miteinander verrühren. Anschließend Mehl und Backpulver kurz unterrühren, dann die Schinkenwürfel und den Käse dazugeben.

● Den Teig in eingefettete Muffinformen oder Silikonmuffinformen geben und die Muffins 30 Min. im vorgeheizten Backofen backen.

Tipp Die Muffins eignen sich auch hervorragend als Fingerfood für Partys.

Lecker – mit frischer Kresse

Kräuterquark

Für 4 Portionen • geht schnell
10 Min.

250 g Quark • 75 ml Milch • 1 Bund Schnittlauch • 1 Bund Petersilie • 1 Kästchen Kresse • Salz • Pfeffer, frisch gemahlen

● Quark mit der Milch glatt rühren. Schnittlauch waschen, in Röllchen schneiden. Petersilie und Kresse waschen, fein hacken, alles mit dem Quark verrühren. Den Kräuterquark mit Salz und Pfeffer abschmecken.

Variante Für einen Radieschenquark 1 Bund Radieschen in kleine Würfel schneiden, etwas Dill (statt Petersilie und Kresse) unterrühren und zusätzlich mit 1 EL Zitronensaft würzen.

« Tomaten-Feta-Muffins

Würziges Dressing für Salate

Balsamico-Honig-Senf-Dressing

Für 4 Portionen • geht schnell
5 Min.

100 ml Olivenöl • 2 EL Balsamicoessig • 1 EL Senf • 1 EL Honig • Salz • Pfeffer, frisch gemahlen • 80 ml Wasser

● Olivenöl mit Balsamico, Senf, Honig, Salz und Pfeffer kräftig verrühren. Das Wasser hinzufügen und alles noch einmal gut vermischen.

Schmeckt Kindern

Olivenbutter

Für 4 Portionen • geht schnell
5 Min.

200 g in Petersilie eingelegte Oliven • 200 g Butter • 1 Prise Salz • 1 Prise Pfeffer, frisch gemahlen • 1 Prise Zucker

● Oliven und Butter mit einem Pürierstab pürieren. Die Olivenbutter mit Salz, Pfeffer und Zucker abschmecken.

Ein Dip, der zu allem passt

Tsatsiki

Für 4 Portionen • gelingt leicht
10 Min.

150 g Quark • 150 g Joghurt • 1 Knoblauchzehe • ½ Salatgurke • Salz • Pfeffer, frisch gemahlen

● Quark mit dem Joghurt glatt rühren. Knoblauch abziehen und pressen. Die Gurke waschen, raspeln und zugeben. Knoblauch hinzufügen, alles vermischen und mit Salz und Pfeffer abschmecken.

Selbst gemacht am besten

Mayonnaise

Für 4 Portionen • geht schnell
10 Min.

1 Ei • 1 TL Senf • 1 TL Zitronensaft • 1 Prise Salz • 1 Prise Pfeffer, frisch gemahlen • 150 ml Olivenöl

● Das Ei trennen. Eigelb mit Senf, Zitronensaft, Salz und Pfeffer kräftig verrühren. Anschließend das Öl nach und nach dazugießen, dabei weiterrühren, bis eine cremige Mayonnaise entsteht.

Super für den Kindergeburtstag

Schoko-Dip

Für 4 Portionen • gelingt leicht
15 Min.

500 g Lieblingsobst (z. B. Bananen, Erdbeeren, Birnen) • 6 EL Kakao • 6 EL Milch • 100 g Mascarpone • 100 g Quark • 2 EL Schokoraspel

● Das Obst in mundgerechte Stücke schneiden. Den Kakao in der Milch auflösen. Mascarpone und Quark mit dem Kakao verrühren, dann die Schokostreusel unterheben. Obst und Dip in Schalen anrichten und los geht's.

Können Kinder allein zaubern

Honig-Senf-Dip

Für 4 Portionen • geht schnell
5 Min.

200 g Crème fraîche • 1 TL Honig • 1 TL Senf • 2 TL Zitronensaft • Salz • Pfeffer, frisch gemahlen

● Crème fraîche, Honig und Senf miteinander verrühren. Den Dip mit Zitronensaft, Salz und Pfeffer abschmecken.

Tipp Eignet sich als Dressing oder auch zum Dippen von Gemüsesticks.

Dip, dip, hurra!

Schnittlauch-Dip

Für 4 Portionen • gelingt leicht
⏲ 5 Min.

200 g Frischkäse • 4 EL Milch • 2 Frühlingszwiebeln • 1 Bund Schnittlauch • Salz • Pfeffer, frisch gemahlen

● Den Frischkäse mit der Milch glatt rühren. Frühlingszwiebeln waschen und in kleine Würfel schneiden. Schnittlauch waschen und in Röllchen schneiden. Frühlingszwiebeln und Schnittlauch mit dem Frischkäse verrühren und kräftig mit Salz und Pfeffer abschmecken.

Das passt dazu Dieser Dip passt ganz hervorragend zu Kartoffelgerichten.

Für Steaks und auch Geflügel

Balsamico-Marinade

Für 4 Portionen • gelingt leicht
⏲ 5 Min.

1 Zwiebel • 1 EL Thymian (gerebelt) • 1 EL Majoran (gerebelt) • 2 EL Balsamico • 4 EL Öl • 1 EL Honig

● Zwiebel abziehen und in kleine Würfel schneiden. Die Kräuter fein hacken. Alle Zutaten miteinander vermischen. Das Fleisch mit der Marinade bestreichen, diese mindestens 1 Stunde einwirken lassen.

Allrounder, der überall passt

Rosmarin-Marinade

Für 4 Portionen • gelingt leicht
⏲ 5 Min.

1 Zwiebel • 4 EL Öl • 1 EL Rosmarinnadeln • 1 EL Tomatenmark • ½ TL Salz • ½ TL Pfeffer, frisch gemahlen

● Zwiebel abziehen und klein schneiden. Zwiebeln mit Öl, Rosmarin, Tomatenmark, Salz und Pfeffer vermischen. Das Fleisch damit marinieren und mindestens 1 Stunde einwirken lassen.

Besonders lecker für Geflügel

Soja-Honig-Marinade

Für 4 Portionen • gelingt leicht
⏲ 5 Min.

3 EL Sojasauce • 3 EL Honig • 1 Prise Salz • 1 Prise Pfeffer, frisch gemahlen

● Sojasauce, Honig, Salz und Pfeffer miteinander verrühren. Das Fleisch mit der Marinade bestreichen und diese mindestens 1 Stunde einwirken lassen.

Variante Noch würziger wird die Marinade, wenn Sie 1 EL Senf hinzugefügen.

Sehr würzige Fleischmarinade

Gyros-Marinade

Für 4 Portionen • gelingt leicht
⏲ 5 Min.

• 1 Zwiebel • 4 EL Öl • 2 EL Paprikapulver • ½ EL Kreuzkümmel (gemahlen) • ½ EL Majoran (gerebelt) • ¼ EL Pfeffer • ¼ EL Salz • ¼ EL Oregano (gerebelt) • ¼ EL Rosmarin (gerebelt)

● Zwiebel abziehen und klein schneiden. Alle Zutaten zugeben und verrühren. Das Fleisch mit der Marinade bestreichen und mindestens 1 Stunde einwirken lassen.

HAUPTGERICHTE

Leicht selbst gemacht und von allen geliebt

Hausgemachte Spätzle

Für 4 Portionen • preisgünstig
⏲ 25 Min.

2 Eier • 100 ml Wasser • 100 ml Milch • 250 g glutenfreies Mehl (z. B. Mix it! Universal von Schär) • ½ TL Salz • Muskatnuss, frisch gerieben

● Eier mit Wasser und Milch verrühren, anschließend Mehl, Salz und Muskat hinzufügen. Den Teig mithilfe einer Spätzlepresse oder einem Spätzlehobel in kochendes Salzwasser pressen bzw. reiben und mit einem Schaumlöffel herausschöpfen, sobald sie an die Wasseroberfläche steigen.

Tipp Die Spätzle im vorgewärmten Backofen warm halten, bis der gesamte Spätzleteig verarbeitet ist.

Variante Für Käsespätzle 150 g Emmentaler reiben, unter die fertigen Käsespätzle mischen und mit 2 in Ringen geschnittenen und in Butter glasig gedünsteten Zwiebeln garnieren. Für rote Spätzle 2 TL Tomatenmark in den Teig geben, für Kräuterspätzle je 1 TL getrocknete Petersilie, Schnittlauch und Basilikum in den Teig geben.

Eigener Mehl-Mix Funktioniert auch mit einer eigenen Mischung aus 80 g Reismehl, 80 g Maismehl, 80 g Kartoffelmehl und 1 TL Johannisbrotkernmehl. Dann den Teig ca. 20 Minuten stehen lassen, er dickt nach.

Schön mild – lieben Kinder

Ricotta-Tomaten-Sauce

Für 4 Portionen • geht schnell
15 Min.

250 g glutenfreie Nudeln, z. B. Spaghetti • 1 Zwiebel • etwas Olivenöl • 400 g stückige Tomaten • 100 g grüne Oliven • Basilikum (gerebelt) • Salz • Pfeffer, frisch gemahlen • 150 g Ricotta • 12 Basilikumblätter

- Die Nudeln in reichlich Salzwasser nach Packungsanweisung bissfest garen. Anschließend abgießen.

- Zwiebel abziehen, in kleine Würfel schneiden und in etwas Öl anbraten. Tomaten dazugeben, anschließend die Oliven, und alles ein wenig einkochen lassen. Ricotta unterheben und mit Salz, Pfeffer und gerebeltem Basilikum abschmecken. Die Nudeln mit der Sauce vermischen und mit frischem Basilikum garnieren.

Ein Klassiker, den alle mögen

Sauce Bolognese

Für 4 Portionen • gelingt leicht
30 Min.

1 Zwiebel • 500 g gemischtes Schweine- und Rinderhackfleisch in Bioqualität • Olivenöl • Salz • Pfeffer, frisch gemahlen • 2 Möhren • 200 ml Brühe • 400 g passierte Tomaten • 75 g Tomatenmark • 1 TL Oregano (gerebelt) • 250 g glutenfreie Nudeln, z. B. Spaghetti • 4 EL Parmesan

- Zwiebel abziehen, in kleine Würfel schneiden und mit Hackfleisch im Öl anbraten, mit Salz und Pfeffer würzen. Möhren klein schneiden und dazugeben, anschließend mit Brühe ablöschen. Passierte Tomaten und Tomatenmark hinzufügen, alles etwa 20 Min. einkochen. Die Sauce mit Oregano verfeinern.

- Die Nudeln in reichlich Salzwasser nach Packungsanweisung bissfest garen. Anschließend abgießen. Nudeln und Sauce auf die Teller geben und mit Parmesan bestreuen.

Variante Wer mag, gibt eine in kleine Würfel geschnittene Knoblauchzehe zusammen mit der Zwiebel in den Topf.

Gemüse cremig versteckt

Zucchinisauce

Für 4 Portionen • geht schnell
15 Min.

250 glutenfreie Nudeln, z. B. Fussili • 2 Zucchini • Öl • 150 g Schmelzkäse • 200 g Sahne • Salz • Pfeffer, frisch gemahlen

- Die Nudeln in reichlich Salzwasser nach Packungsanweisung bissfest garen. Anschließend abgießen.

- Zucchini waschen, raspeln und in wenig Öl in einer Pfanne anbraten und schmoren. Schmelzkäse in Würfel schneiden und zusammen mit der Sahne zu den Zucchini geben. Die Sauce mit Salz und Pfeffer würzen und auf den heißen Nudeln verteilen.

» Ricotta-Tomaten-Sauce

Kürbis erntet Emily mit Opa

Kürbissauce

Für 4 Portionen • gelingt leicht
45 Min.

1 Zwiebel • 250 g gemischtes Schweine- und Rinderhackfleisch in Bioqualität • Öl • 500 g Kürbis • 500 g passierte Tomaten • 100 ml Orangensaft • 250 g glutenfreie Nudeln, z. B. Fussili • Salz • Pfeffer, frisch gemahlen • Thymian (gerebelt) • 50 g Crème fraîche

- Zwiebel abziehen, würfeln und zusammen mit dem Hackfleisch in Öl anbraten. Kürbis waschen, die Kerne mit einem Löffel herauskratzen und das Fruchtfleisch in mundgerechte Würfel schneiden. Passierte Tomaten, Orangensaft und Kürbis zum Fleisch geben und 20 Min. einkochen.

- Die Nudeln in reichlich Salzwasser nach Packungsanweisung bissfest garen. Anschließend abgießen. Die Sauce mit Salz, Pfeffer und Thymian abschmecken, anschließend die Sauce mit Crème fraîche verfeinern und auf den heißen Nudeln verteilen.

Tipp Am besten eignet sich Hokkaidokürbis, da diese Sorte auch mit Schale verzehrt werden kann.

Piep, piep, piep – guten Appetit

Spaghetti Carbonara

Für 4 Portionen • geht schnell
30 Min.

250 g glutenfreie Spaghetti • 2 Eier • Salz • Pfeffer, frisch gemahlen • 40 ml Milch • 3 EL Petersilie • 250 g Speck • 200 g Sahne • Fett zum Braten

- Die Nudeln in reichlich Salzwasser nach Packungsanweisung bissfest garen. Anschließend abgießen.

- Eier mit Salz und Pfeffer verquirlen, Milch und Petersilie dazugeben. Den Speck würfeln und in Fett anbraten. Sahne zum Speck rühren, dann die heißen, bissfest gekochten Spaghetti in die Pfanne geben. Die Eier über die Nudeln und die Speck-Sahne-Sauce gießen, alles gut mischen und die Eier leicht stocken lassen.

Tipp Damit die Eimasse stockt, ist es wichtig, dass alle Zutaten in der Pfanne heiß sind.

Variante Für Zucchini-Carbonara 1 Zucchini in Schnitze schneiden, zum Speck geben und ebenfalls mit anbraten.

Schnell fertig nach der Schule

Mozzarellasauce mit Basilikum

Für 4 Portionen • geht schnell
15 Min.

250 g glutenfreie Nudeln, z. B. Rigatoni • 1 Zwiebel • etwas Olivenöl • 400 g stückige Tomaten • 1 TL Tomatenmark • Salz • Pfeffer, frisch gemahlen • 125 g Mozzarella • einige Basilikumblätter

- Die Nudeln in reichlich Salzwasser nach Packungsanweisung bissfest garen. Anschließend abgießen.

- Die Zwiebel abziehen, würfeln und in Öl anbraten. Tomaten und Tomatenmark dazugeben und erhitzen, mit Salz und Pfeffer abschmecken. Mozzarella in Würfel schneiden und unterheben. Die Sauce auf den heißen Nudeln verteilen und mit Basilikumblättern garnieren.

Tolles Gericht für Groß und Klein

Lachs-Brokkoli-Käse-Sauce

Für 4 Portionen • gelingt leicht
35 Min.

200 g Brokkoli • 250 g glutenfreie Nudeln, z. B. Farfalle • 4 Lachsfilets • Salz • Pfeffer, frisch gemahlen • 1 Zitrone • 200 ml Brühe • 150 g Sahne • 1 EL Senf • 40 g Kräuterfrischkäse • 1/4 Bund Dill • etwas Öl • bei Bedarf etwas Speisestärke zum Binden

- Brokkoli waschen und in Röschen zerteilen. Nudeln und Brokkoli in reichlich Salzwasser bissfest garen. Anschließend abgießen.

- Lachsfilets waschen, trocknen, salzen, pfeffern, mit Zitronensaft beträufeln und in einer Pfanne in etwas Öl anbraten.

- Brühe, Sahne, Senf und Kräuterfrischkäse verrühren und aufkochen lassen. Dill waschen, Dillspitzen abzupfen und klein schneiden. Dill in die Sauce geben. Bei Bedarf die Sauce mit Stärke binden (etwas Stärke mit Wasser glatt rühren, in die Sauce geben und rührend aufkochen).

- Lachs in Stücke schneiden und zusammen mit den Nudeln und dem Brokkoli unter die Sauce heben.

Widde widde witt – guten Appetit!

Lachs-Ziegenfrischkäse-Sauce

Für 4 Portionen • gelingt leicht
30 Min.

250 g glutenfreie Nudeln, z. B. Spaghetti • 1 Zwiebel • etwas Öl • 200 g Sahne • 100 g Ziegenfrischkäse • Salz • Pfeffer, frisch gemahlen • 1 EL Zitronensaft • 200 g geräucherter Lachs

- Die Nudeln in reichlich Salzwasser nach Packungsanweisung bissfest garen. Anschließend abgießen.

- Zwiebel abziehen und in Öl anbraten. Sahne und Frischkäse dazugeben, verrühren und zum Kochen bringen. Sauce mit Salz, Pfeffer und Zitronensaft abschmecken. Lachs in Streifen schneiden und in die Sauce geben. Die Nudeln mit der Sauce verrühren.

Kinderleicht zubereitet

Erbsen-Sahne-Sauce

Für 4 Portionen • gelingt leicht
30 Min.

250 g glutenfreie Nudeln, z. B. Bandnudeln • 1 Zwiebel • 150 g Schinkenspeck • etwas Fett • 100 ml Brühe • 150 g Sahne • 200 g Erbsen • Salz • Pfeffer, frisch gemahlen • Muskatnuss, frisch gerieben • 125 g Parmesan

- Die Nudeln in reichlich Salzwasser nach Packungsanweisung bissfest garen. Anschließend abgießen.

- Zwiebel abziehen. Zwiebel und Schinkenspeck in kleine Würfel schneiden und in wenig Fett anbraten. Anschließend mit Brühe und Sahne ablöschen, die Erbsen hinzufügen und darin garen. Die Sauce mit Salz, Muskat und Pfeffer würzen. Die heißen Nudeln zur Sauce geben. Parmesan reiben und unter die Nudeln rühren.

Die Suche nach passenden Nudeln

Mit Nudeln lassen sich schnell leckere und abwechslungsreiche Gerichte zaubern, die allen Familienmitgliedern gut schmecken. Nudeln sind aus unserer Familienküche daher kaum wegzudenken. Doch auch in der glutenfreien Küche gilt: Nudel ist nicht gleich Nudel.

Positiv überrascht waren wir über die große Auswahl glutenfreier Nudeln. Ob Spaghetti, Capellini, Fettuccine, Tagliatelle, Fussili, Rigatoni, Penne, Suppennudeln oder bunte Nudeln – die Auswahl ist riesig. Manche Hersteller stellen Nudeln aus Reismehl, Maismehl, Buchweizenmehl, Kichererbsenmehl, Hirsemehl, Vollkornreis oder anderen Zutaten her. Nicht nur in der Nudelform und den Zutaten, sondern auch in den Kocheigenschaften, im Geschmack und nicht zuletzt im Preis unterscheiden sich die glutenfreien Nudelsorten teilweise enorm. Grundsätzlich verkochen glutenfreie Nudeln schneller, sind schneller pappig und klebrig und brechen aufgrund ihrer geringeren Elastizität schneller. Gute Erfahrung hinsichtlich der Kocheigenschaften und des Geschmacks haben wir mit Nudeln gemacht, die z. B. eine Mischung aus Reis- und Maismehl enthalten. Auch traditionelle Produzenten herkömmlicher Pasta bringen ihre Erfahrung mittlerweile in die Herstellung eigener glutenfreier Pasta ein, was zu einer deutlichen Qualitätssteigerung der glutenfreien Pasta in den vergangenen Jahren beigetragen hat.

Glutenfreie Nudeln richtig kochen

Für glutenfreie Nudeln gilt ebenso wie für glutenhaltige Nudeln, dass Spiralnudeln und gerillte Nudeln gut geeignet sind für dickflüssigere und stückigere Saucen. Mit ihren Spiralen bzw. Rillen können sie die Sauce prima aufnehmen. Spaghetti hingegen sind ideal für flüssigere Saucen und Sahnesaucen. Bandnudeln sind ebenfalls köstlich zu Sahne-, aber auch zu Gemüse- oder Fischsaucen. Für Aufläufe hingegen sind kurze Röhrchennudeln ideal. Welche Nudel zu welcher Sauce gewählt wird, ist reine Geschmackssache.

Bei der Zubereitung von glutenfreien Nudeln sollte darauf geachtet werden, dass sie immer in reichlich Wasser gekocht werden. Denn haben die Nudeln ausreichend Platz zum Kochen, kleben sie nicht aneinander. Außerdem hilft gelegentliches Umrühren. Damit die Nudeln nicht pappig werden, ist es wichtig, dass der richtige Garpunkt getroffen wird. Daher ist es am besten, wenn die Sauce vor den Nudeln fertig ist und nicht umgekehrt. Sobald der Garpunkt getroffen ist, ist es wichtig, die Nudeln zügig abzugießen, da sie sonst schnell weich und pappig werden können. Außerdem sollten

Nudeln nicht lange abgetropft werden, da sie sonst schnell aneinanderkleben.

Superfood Hülsenfrüchte-Pasta

Der neue Renner im Pastaregal der Supermärkte sind Nudeln aus Hülsenfrüchten. Viele Menschen, unabhängig von glutenfreier Ernährung, greifen mittlerweile gerne auf diese Alternativen zum herkömmlichen Pastasortiment aus Hartweizengrieß zurück. Oftmals sind diese Nudelsorten daher gar nicht im glutenfreien Diätregal des Supermarkts zu finden, sondern zwischen den handelsüblichen Pastasorten. Warum Nudeln aus Linsen, Kichererbsen, Erbsen oder Bohnen als Superfood gelten, liegt auf der Hand: Sie haben einen hohen Proteingehalt und sind reich an Ballaststoffen. Gerade auf die Zufuhr von ausreichenden Ballaststoffen muss bei der glutenfreien Diät geachtet werden (siehe Interview mit der Ernährungsberaterin Frau Möllenkotte, Seite 14), daher sind diese Pastasorten eine willkommene und gesunde Alternative zu den klassischen Diätprodukten. Zudem bringen sie mit ihren unterschiedlichen Farben und Formen auch optisch Abwechslung auf den Teller. Sie unterscheiden sich aber nicht nur im Aussehen, sondern auch in Geschmack und Konsistenz teilweise erheblich. Wer den klassischen Pastageschmack bei Hülsenpasta sucht, wird es schwer haben, da sie grundsätzlich einen Eigengeschmack entsprechend ihrer Grundzutat mitbringen. Während Kichererbsennudeln reich an Kalzium und eher bissfester sind, überzeugen Linsennudeln zum Beispiel durch einen nussigen Geschmack, einen hohen Eisengehalt und sind in der Konsistenz eher weicher. Bei den Kids kommt die Hülsenpasta oft nicht gut an, sie schmeckt einfach nicht wie die herkömmliche Pasta. Wir haben aber gute Erfahrung damit gemacht, unterschiedliche Pastasorten zu mischen und als bunten Pastateller zu servieren. Und in Kombination mit viel würziger Soße lässt sich sowieso vieles leicht untermogeln.

Vitaminbombe: Spargel

Nudeln mit grünem Spargel

Für 4 Portionen • gelingt leicht
30 Min.

250 g glutenfreie Nudeln, z. B. Penne • 500 g grüner Spargel • 3 Tomaten • 1 Zwiebel • etwas Öl • Salz • Pfeffer, frisch gemahlen • Thymian (gerebelt) • Basilikum (gerebelt) • 4 EL Parmesan • 12 Basilikumblätter

- Die Nudeln in reichlich Salzwasser nach Packungsanweisung bissfest garen. Anschließend abgießen.

- Spargel waschen (nicht schälen), die holzigen Enden abschneiden, anschließend den Spargel in mundgerechte Stücke schneiden. Tomaten waschen und achteln. Zwiebel abziehen, würfeln und zusammen mit dem Spargel in Öl anbraten. Tomaten hinzufügen und erwärmen. Mit Salz, Pfeffer, Thymian und Basilikum abschmecken.

- Die Nudeln unter das Gemüse rühren und mit geriebenem Parmesan und Basilikumblättern bestreuen.

Schmeckt Kindern immer

Nudelauflauf mit Hackfleisch

Für 4 Portionen • gelingt leicht
20 Min. + 20 Min. Backzeit

200 g glutenfreie Nudeln • 200 g gemischtes Schweine- und Rinderhackfleisch • etwas Öl • 400 g passierte Tomaten • 200 g Sahne • Salz • Pfeffer, frisch gemahlen • 100 g Käse (Gouda)

- Den Backofen auf 180 Grad (Umluft 160 Grad) vorheizen. Die Nudeln in reichlich Salzwasser nach Packungsanweisung bissfest garen. Anschließend abgießen. Währenddessen das Hackfleisch in Öl anbraten. Die passierten Tomaten und die Sahne zugeben und mit Salz und Pfeffer würzen.

- Nudeln in Auflaufform füllen und mit Hackfleischsauce übergießen. Käse raspeln, Auflauf damit bestreuen und 20 Min. im Backofen überbacken.

Tipp Für die extra Portion Ballaststoffe schmeckt der Auflauf auch gut mit Nudeln aus Kichererbsen!

Und ratzfatz ist der Teller leer

Nudelauflauf mit Schinken

Für 4 Portionen • gelingt leicht
20 Min. + 20 Min. Backzeit

200 g glutenfreie Nudeln (z. B. Linsennudeln) • 100 g gekochter Schinken • 3 große Tomaten • 2 Eier • 100 g Sahne • 3 EL saure Sahne • Basilikum (gerebelt) • Oregano (gerebelt) • 50 g Parmesan

- Den Backofen auf 180 Grad (Umluft 160 Grad) vorheizen. Die Nudeln in reichlich Salzwasser nach Packungsanweisung bissfest garen. Den Schinken in Streifen, Tomaten in Scheiben schneiden. Eier, Sahne und saure Sahne in einer Schüssel verrühren, mit Basilikum und Oregano würzen.

- Gegarte Nudeln und Schinkenstreifen vermischen und in eine Auflaufform geben. Mit den Tomatenscheiben belegen, das Eier-Sahne-Gemisch in die Auflaufform gießen. Den Parmesan raspeln, den Auflauf damit bestreuen und 20 Min. im Backofen garen.

Tipp Bei uns kam die Version mit Linsennudeln besonders gut an!

Variante Geben Sie 250 g gekochte Spargelstücke mit in die Auflaufform.

Köstlich – nicht nur im Herbst

Nudelauflauf mit Champignons

Für 4 Portionen • gelingt leicht
20 Min. + 20 Min. Backzeit

200 g glutenfreie Nudeln • 250 g Champignons • 125 g Kochschinken • 400 g Sahne • 30 g Tomatenmark • Salz • Pfeffer, frisch gemahlen • 200 g Käse (Gouda) • etwas Öl

- Den Backofen auf 180 Grad (Umluft 160 Grad) vorheizen. Die Nudeln in reichlich Salzwasser nach Packungsanweisung bissfest garen. Anschließend abgießen. Champignons in Scheiben schneiden, Schinken würfeln und anschließend beides in wenig Öl anbraten.

- Sahne und Tomatenmark zu den Champignons geben, alles etwas einkochen und mit Salz und Pfeffer abschmecken. Den Käse raspeln. Nudeln in eine Auflaufform füllen, mit der Sauce übergießen und anschließend mit Käse bestreuen. 20 Min. im Backofen überbacken.

Eine tolle Abwechslung

Nudelauflauf mit Quark

Für 4 Portionen • gelingt leicht
20 Min. + 25 Min. Backzeit

250 g glutenfreie Nudeln • 100 g Schinkenspeck • 500 g Quark • 150 ml Milch • 1 Bund Schnittlauch • Salz • Pfeffer, frisch gemahlen • etwas Öl

- Den Backofen auf 180 Grad (Umluft 160 Grad) vorheizen. Die Nudeln in reichlich Salzwasser nach Packungsanweisung bissfest garen. Anschließend abgießen. Speck in Würfel schneiden und in etwas Öl anbraten. Quark mit Milch glatt rühren. Schnittlauch waschen, in Röllchen schneiden und zum Quark geben, anschließend mit Salz und Pfeffer würzen.

- Nudeln in Auflaufform geben und mit der Quarksauce übergießen. Speckwürfel auf die Quarksauce streuen und den Auflauf 25 Min. im Backofen garen.

Da heißt es am Tisch: Li-la-lecker!

Nudelauflauf mit Gemüse

Für 4 Portionen • geht schnell
20 Min. + 20 Min. Backzeit

200 g glutenfreie Nudeln • 500 g stückige Tomaten • 200 g Sahne • Salz • Pfeffer, frisch gemahlen • Oregano (gerebelt) • 200 g Erbsen • 125 g Mozzarella • Basilikum (gerebelt)

- Den Backofen auf 180 Grad (Umluft 160 Grad) vorheizen. Die Nudeln in reichlich Salzwasser nach Packungsanweisung bissfest garen. Anschließend abgießen. Tomaten und Sahne zusammenrühren, mit Salz, Pfeffer und Oregano würzen. Die Nudeln in eine Auflaufform füllen, die Erbsen dazugeben, vermischen und alles mit der Sauce übergießen.

- Mozzarella in Scheiben schneiden, den Auflauf damit belegen und anschließend mit Basilikum bestreuen. Den Nudelauflauf 20 Min. im Backofen überbacken.

Ein vegetarischer Genuss für alle

Zucchini-Lasagne

Für 4 Portionen • gelingt leicht
25 Min. + 30 Min. Backzeit

250 g glutenfreie Lasagneblätter (z. B. von Hammermühle) • 1 Zwiebel • 1 Zucchini • Öl • 100 ml Brühe • 500 g passierte Tomaten • Salz • Pfeffer, frisch gemahlen • 3 Tomaten • 100 g Crème fraîche • 100 g Käse (Gouda)

- Je nach Packungsanweisung die Lasagneblätter vorkochen. Den Backofen auf 180 Grad (Umluft 160 Grad) vorheizen. Die Zwiebel abziehen. Zucchini und Zwiebel würfeln, in etwas Öl anbraten, mit Brühe und passierten Tomaten ablöschen und mit Salz und Pfeffer würzen. Die Tomaten waschen und in Scheiben schneiden.

- In eine Auflaufform Lasagneblätter legen und diese mit Zucchinisauce begießen. Wieder Lasagneblätter und Zucchinisauce in die Form geben, anschließend mit Tomatenscheiben belegen und mit Lasagneblättern und Zucchinisauce fortfahren. Die letzte Schicht sollte aus Zucchinisauce bestehen.

- Crème fraîche auf der Lasagne verteilen. Käse raspeln, die Lasagne damit bestreuen und etwa 30 Min. im Backofen überbacken.

So lieben auch Kinder Spinat

Spinat-Lasagne

Für 4 Portionen • gelingt leicht
25 Min. + 40 Min. Backzeit

250 g glutenfreie Lasagneblätter (z. B. von Hammermühle) • 1 Zwiebel • Öl • 450 g tiefgekühlter Rahm-Spinat • 2 EL Butter • 3 EL glutenfreies Mehl (z. B. Mehl Farine von Schär) • 400 ml Milch • Salz • Pfeffer, frisch gemahlen • Muskatnuss, frisch gerieben • 100 g geriebener Gouda

- Je nach Packungsanweisung die Lasagneblätter vorkochen. Den Backofen auf 180 Grad (Umluft 160 Grad) vorheizen. Die Zwiebel abziehen, klein schneiden und in Öl dünsten. Den Spinat hinzufügen und auftauen lassen.

- Butter erhitzen, vom Herd nehmen und Mehl dazugeben. Gut verrühren, Milch dazugießen, gut rühren und kurz aufkochen lassen. Mit Salz, Pfeffer und Muskat würzen. In eine Auflaufform schichtweise Lasagneblätter legen und diese mit Spinat und Sauce begießen. Auf die letzte Nudelschicht Spinat und die restliche Sauce verteilen. Den Käse aufstreuen und die Lasagne etwa 40 Min. im Backofen überbacken.

Tipp Es gibt von iglo glutenhaltigen und glutenfreien Rahmspinat!

Ein wärmender Eintopf

Bunter Kartoffeltopf

Für 4 Portionen • gelingt leicht
30 Min.

700 g Kartoffeln • 1 rote Paprikaschote • 3 Wiener Würstchen • 1 Zwiebel • etwas Öl • 2 EL Tomatenmark • 1/4 l Brühe • Salz • Pfeffer, frisch gemahlen • Paprikapulver • 100 g Sahne

- Die Kartoffeln schälen und in Scheiben schneiden. Paprikaschote waschen, entkernen und in kleine Stücke schneiden. Würstchen in Scheiben schneiden. Zwiebel abziehen, würfeln und in Öl anbraten. Kartoffeln dazugeben und kurz mitbraten.

- Tomatenmark hinzugeben, mit Brühe ablöschen und Kartoffeln darin garen. Kleingeschnittene Paprika und Würstchenscheiben kurz vor Ende der Garzeit der Kartoffeln zum Erwärmen dazugeben. Mit den Gewürzen abschmecken und mit Sahne verfeinern.

Variante Mit Mettwürstchen statt Wiener Würstchen schmeckt der Kartoffeltopf schön herzhaft. Dazu 3 Mettwürstchen in Scheiben schneiden und mit den Zwiebeln zusammen in den Topf geben.

Ein Gericht nach Omas Rezept

Kartoffel-Gemüse-Auflauf

Für 4 Portionen • gelingt leicht
20 Min. + 25 Min. Backzeit

350 g Kartoffeln • 250 g Möhren • 500 g grüne Bohnen • 1/4 TL Salz • 30 g Butter • 30 g glutenfreies Mehl (z. B. Mehl Farine von Schär) • 100 g Crème fraîche • Pfeffer, frisch gemahlen • Muskatnuss, frisch gerieben • 120 g Käse (Gouda)

- Den Backofen auf 200 Grad (Umluft 180 Grad) vorheizen. Die Kartoffeln und Möhren schälen. Bohnen waschen und putzen. Kartoffeln und Möhren in Scheiben, Bohnen in mundgerechte Stücke schneiden, anschließend alles in reichlich kochendes Salzwasser geben und etwa 5 Min. garen. Das Gemüse abgießen und ½ l vom Garsud auffangen.

- Butter in einem Topf schmelzen, Topf vom Herd nehmen und Mehl dazurühren, danach den Sud zugeben, kräftig rühren und aufkochen. Crème fraîche langsam einrühren. Sauce mit Salz, Pfeffer und Muskat abschmecken. Das Gemüse in eine Auflaufform geben und die Sauce darübergießen. Käse raspeln und darauf verteilen, den Auflauf 25 Min. im Backofen backen.

Prima mit Kartoffeln vom Vortag

Kartoffelomelett

Für 4 Portionen • gelingt leicht
15 Min.

1 Bund Schnittlauch • 8 Eier • Salz • Pfeffer, frisch gemahlen • Paprikapulver • 600 g gekochte Kartoffeln • 120 g Käse (z. B. Gouda) • etwas Öl

- Schnittlauch waschen und in Röllchen schneiden. Eier mit Salz, Pfeffer, Paprikapulver und Schnittlauch verquirlen. Die Kartoffeln raspeln und unter die Eimasse heben. Den Käse reiben.

- In einer Pfanne das Fett erhitzen und den Kartoffelteig portionsweise darin verteilen. Das Omelett auf beiden Seiten anbraten und jeweils etwas Käse auf dem Omelett verteilen und zugedeckt schmelzen lassen.

Klassisch wie bei Oma

Stampfkartoffeln

Für 4 Portionen • preisgünstig
25 Min.

1,3 kg Kartoffeln • Salz • 30 g Butter • 150 ml Milch • Pfeffer, frisch gemahlen • Muskatnuss, frisch gerieben

- Kartoffeln schälen und in Salzwasser gar kochen. Wasser abgießen und Kartoffeln stampfen. Butter und Milch zufügen und mit dem Schneebesen kräftig schlagen. Die Stampfkartoffeln mit Salz, Pfeffer und Muskat würzen.

Ideal mit Ofengemüse

Folienkartoffeln

Für 4 Portionen • preisgünstig
45 Min.

4 große Kartoffeln • etwas Butter • Alufolie

- Den Backofen auf 180 Grad (Umluft 160 Grad) vorheizen. Die Kartoffeln gut waschen, die noch feuchten Kartoffeln in leicht gebutterte Alufolie einwickeln und 40 Min. im Backofen garen.

Lecker mit Schnittlauchdip

Rosmarinkartoffeln

Für 4 Portionen • preisgünstig
35 Min.

700 g Kartoffeln • 1 EL Rosmarin • 10 ml Olivenöl • 1/4 TL Salz

- Den Backofen auf 200 Grad (Umluft 180 Grad) vorheizen. Die Kartoffeln gut abwaschen und vierteln. Rosmarin, Öl und Salz vermengen und die Kartoffeln in der Mischung wälzen. Die Rosmarinkartoffeln 30 Min. backen, bis sie knusprig sind.

Variante Für Paprikakartoffeln statt Rosmarin 1 TL Paprikapulver und ½ TL Oregano verwenden.

Pellkartoffeln passen zu vielem

Pellkartoffeln

Für 4 Portionen • preisgünstig
25 Min.

4 große Kartoffeln • Salz

- Die Kartoffeln gut waschen und in Salzwasser ca. 20 Min. gar kochen.

« Kartoffelomelett

Fruchtig und exotisch mit Ingwer

Krabbenpfanne mit Reis

Für 4 Portionen • geht schnell
25 Min.

250 g Reis • 200 g Möhren • 2 Frühlingszwiebeln • etwas Öl • 15 g Ingwer • 400 g Ananas • 300 g Krabben • Sojasauce • Salz • Pfeffer, frisch gemahlen

● Den Reis nach Packungsanweisung kochen. Möhren und Frühlingszwiebeln waschen, klein schneiden und in Öl anbraten. Ingwer klein hacken und dazugeben. Ananas und Krabben in die Pfanne geben und erwärmen.

● Die Krabbenpfanne mit Sojasauce, Salz und Pfeffer abschmecken, dann den Reis unterheben.

Für kleine und große Quarkfans

Reis-Quark-Auflauf mit Gemüse

Für 4 Portionen • gelingt leicht
25 Min. + 30 Min. Backzeit

200 g Reis • 1 TL gekörnte Brühe • 1 Zucchini • 3 Tomaten • 3 Eier • 250 g Quark • 100 g Erbsen • Salz • Pfeffer, frisch gemahlen • 100 g Käse (z. B. Gouda)

● Den Backofen auf 180 Grad (Umluft 160 Grad) vorheizen. Reis nach Packungsanweisung kochen, die Brühe in das Kochwasser geben, Zucchini und Tomaten waschen und in kleine Stücke schneiden.

● Eier trennen, das Eiweiß zu Eischnee schlagen. Eigelb mit dem Quark verrühren und zum fertigen, abgetropften Reis geben. Erbsen, Tomaten, Zucchini und Eischnee unter den Quark-Reis heben, mit Salz und Pfeffer würzen. Die Masse in eine Auflaufform füllen, den Käse raspeln, den Auflauf damit bestreuen und 30 Min. im Backofen backen.

Da essen wir unseren Teller leer

Reispfanne mit Hähnchen

Für 4 Portionen • geht schnell
30 Min.

250 g Reis • 400 g Hähnchenfilet • etwas Öl • 300 g Champignons • 100 g Mais • 175 g Kräuterfrischkäse • 4 EL Milch • Salz • Pfeffer, frisch gemahlen

● Den Reis nach Packungsanweisung kochen. Das Hähnchenfilet in Streifen schneiden und in etwas Öl anbraten. Die Champignons putzen, in Streifen schneiden und mit dem Mais zu den Hähnchenfiletstreifen geben.

● Kräuterfrischkäse und Milch zum Hähnchen geben, verrühren und mit Salz und Pfeffer abschmecken. Zuletzt den fertigen Reis unterrühren.

Variante Auch mit Putenbrust ein Genuss.

Würzig mit Sojasauce

Bunte Reispfanne mit Putenbrust

Für 4 Portionen • gelingt leicht
25 Min.

250 g Reis • 300 g Putenbrust • Salz • Pfeffer, frisch gemahlen • etwas Öl • 1 Zwiebel • 2 Möhren • 1 Zucchini • 1 gelbe Paprikaschote • 1 rote Paprikaschote • 2 Tomaten • 2 EL Sojasauce • Paprikapulver • 100 ml Brühe

- Den Reis nach Packungsanweisung kochen. Putenbrust in Streifen schneiden, mit Salz und Pfeffer würzen und in etwas Öl anbraten. Zwiebel abziehen und Möhren schälen. Zwiebeln und Möhren in Würfel schneiden und zum Fleisch hinzufügen.

- Zucchini und Paprikaschoten waschen, putzen, würfeln und zum Fleisch geben. Tomaten waschen, achteln und ebenfalls dazugeben. Die Sojasauce unterrühren, mit Salz, Pfeffer und Paprikapulver abschmecken, die Brühe hinzugeben, alles ein paar Minuten köcheln lassen. Zuletzt den fertigen Reis unterheben.

Emily liebt Feta!

Griechischer Gemüsereis

Für 4 Portionen • preisgünstig
25 Min.

250 g Reis • 1 Zucchini • 1 gelbe Paprikaschote • 4 Tomaten • 1 Zwiebel • etwas Öl • Salz • Pfeffer, frisch gemahlen • 200 g Feta

- Den Reis nach Packungsanweisung kochen. Zucchini waschen, halbieren und in Streifen schneiden. Paprikaschote waschen, putzen und würfeln. Tomaten waschen und achteln. Zwiebel abziehen, würfeln und in Öl anbraten.

- Paprika, Zucchini und Tomaten dazugeben, mit Salz und Pfeffer abschmecken und den fertigen, abgetropften Reis unterrühren. Feta in Würfel schneiden und unterheben, dabei den Käse nicht schmelzen lassen.

Variante Auch lecker als Geflügelpfanne, indem zunächst 400 g Puten- oder Hähnchengeschnetzeltes in der Pfanne angebraten und dann die weiteren Zutaten hinzugefügt werden.

Lässt sich wunderbar variieren

Gemüse-Auflauf mit Käsesauce

Für 4 Portionen • preisgünstig
20 Min. + 25 Min. Backzeit

500 g gemischtes Gemüse (z. B. Blumenkohl/Brokkoli/Möhren) • 150 g Käse (Emmentaler) • 30 g Butter • 30 g glutenfreies Mehl (z. B. Mehl Farine von Schär) • 250 g Sahne • 125 ml Milch

- Den Backofen auf 200 Grad (Umluft 180 Grad) vorheizen. Möhren waschen und in Scheiben schneiden. Blumenkohl und Brokkoli waschen, putzen und in Röschen teilen. Das Gemüse in wenig Wasser gar kochen. Den Käse raspeln.

- Butter in einem Topf schmelzen, den Topf vom Herd nehmen und das Mehl dazurühren. Danach mit Sahne und Milch auffüllen, kräftig rühren und aufkochen. Den geraspelten Käse zur Sahnemischung geben. Das Gemüse in eine Auflaufform füllen, mit Sauce begießen und den Auflauf 25 Min. überbacken.

Variante 300 g Gemüse mit 250 g gekochten Nudeln oder mit in Scheiben geschnittenen, gekochten Kartoffeln in die Auflaufform geben.

Traditionsgericht mal edel

Kartoffel-Hafer-Rösti mit Garnelen

5 Stück • gelingt leicht
30 Min.

Ca. 600 g Kartoffeln • 1 Zwiebel • 20 g Haferflocken (glutenfrei) • 1 Ei • Salz • Pfeffer (frisch gemahlen) • 5 große Garnelen (küchenfertig) • einige Tropfen Zitronensaft (frisch ausgepresst) • Kräuter-Crème fraîche • einige Röllchen Schnittlauch • etwas Pflanzenöl

- Die Kartoffeln schälen, waschen und raspeln. Die Zwiebel häuten, ebenfalls raspeln und zu den Kartoffelraspeln geben.

- Die Haferflocken und das Ei dazugeben, verrühren und mit Salz und Pfeffer würzen.

- Jeweils etwa 2 EL Teig je Rösti verwenden und in einer Pfanne in reichlich Öl von beiden Seiten knusprig braten.

- Garnelen in Öl anbraten, mit Salz und Pfeffer würzen und mit einigen Tropfen Zitronensaft beträufeln.

- Schnittlauch in Röllchen schneiden, unter die Crème fraîche rühren.

- Die Reibeplätzchen mittig mit einem Klecks Crème fraîche bestreichen, jeweils eine Garnele darauflegen.

Der Nudelklassiker vegetarisch

Linsenbolognese

4 Portionen • preisgünstig
30 Min.

250 g glutenfreie Spaghetti • 1 Zwiebel • etwas Öl zum anschwitzen • 2 Möhren • 200 g rote Linsen • 500 g passierte Tomaten • 350 ml Gemüsebrühe • 3 EL Tomatenmark • etwas Parmesan

- Die Spaghetti in kochendem Salzwasser gar kochen.

- Währenddessen Zwiebel schälen und würfeln, in einem Topf in etwas Öl anschwitzen.

- Möhren schälen, raspeln und dazugeben. Tomatenmark und Linsen hinzufügen, mit Brühe und passierten Tomaten ablöschen und ca. 10 Minuten unter gelegentlichem Rühren gar kochen.

- Erst nach dem Garen mit Salz und Pfeffer abschmecken. Spaghetti und Bolognese portionsweise anrichten, mit geriebenem Parmesan dekorieren.

- Tipp: Wer mag, raspelt zusammen mit den Möhren auch Sellerie in den Topf und rührt frische Gartenkräuter der Saison unter.

Vegetarische Schnitzelalternative

Kohlrabischnitzel

5 Schnitzel (je nach Kohlrabigröße) • gelingt leicht
⏲ 30 Min.

1 große Kohlrabi • 1 Ei • 200 g glutenfreies Paniermehl • Pflanzenöl zum ausbacken

- Kohlrabi schälen, in Scheiben schneiden und in Wasser bissfest garen.

- Das Ei in einer Schüssel verquirlen, Paniermehl in eine weitere Schüssel füllen.

- Die Kohlrabischeiben abwechselnd zuerst in die Eimasse tauchen, dann vollständig mit Paniermehl ummanteln.

- Anschließend die Kohlrabischnitzel in einer Pfanne in Öl ausbacken.

Fluffige Süßspeise

Kaiserschmarrn

4 Portionen • einfach zuzubereiten
⏲ 15 Min.

4 Eier • 200 ml Milch • 100 g glutenfreies Mehl (z. B. Mix it Universal von Schär) • 2 EL Zucker • 1 Packung Vanillezucker • 3 EL Rosinen • etwas Butter • 2 EL Puderzucker

- Die Eier trennen, Eiweiße aufschlagen. Die Eigelbe mit Milch, Mehl, Zucker und Vanillezucker verrühren. Anschließend die Eiweiße und Rosinen unterheben.

- Den Teig in eine mit etwas Butter erhitzte Pfanne geben und ausbacken, währenddessen mit einem Pfannenwender den Teig in Stücke zerpflücken und wenden.

- Den Puderzucker in ein kleines Sieb geben und vor dem Servieren den Kaiserschmarrn damit bestäuben.

Bei uns heißt es regelmäßig: »Ich möchte mehr!«

Risotto-Grundrezept

Für 4 Portionen • preisgünstig
20 Min.

750 ml Brühe • 250 g Risottoreis • 40 g Butter • 50 g Parmesan

- Die Brühe erhitzen. Den Risottoreis in heißer Butter glasig anschwitzen und nach und nach die heiße Brühe zum Risottoreis dazugießen. Im offenen Topf verkochen lassen, bis der Reis cremig ist (etwa 15 Min.). Zuletzt den Parmesan unter den fertigen Risottoreis rühren.

Variante Für **Spargelrisotto** 400 g grünen bissfesten Spargel, 3 EL gehackte Petersilie, 1 EL Butter gegen Ende der Garzeit zum Risotto geben und mit Salz und Pfeffer abschmecken. Für **Tomatenrisotto** 1 EL Tomatenmark beim Anschwitzen dazugeben, kurz vor Ende der Garzeit 3 gewürfelte Tomaten und 100 g Erbsen hinzufügen und erwärmen, mit Salz und Pfeffer würzen. Für **Kräuterrisotto** 1 Handvoll gehackte Kräuter wie z. B. Petersilie, Schnittlauch oder Bärlauch gegen Ende der Garzeit unterrühren. Für **Spinatrisotto** nach der Hälfte der Garzeit 200 g Spinat unterrühren und mit Salz, Pfeffer und Muskat würzen.

Tipp Mit Risotto lassen sich auch hervorragend Paprikaschoten füllen. Dazu den Deckel von vier Paprikaschoten abschneiden und die Paprikaschoten entkernen, mit fertigem Risotto füllen und für etwa 20 Min. bei 200 Grad (Umluft 180 Grad) in den Backofen geben.

« Risotto

Ein exotisches Gericht, das leicht gelingt

Curry-Risotto mit Kokosmilch

Für 4 Portionen • gelingt leicht
25 Min.

1 Dose Mandarinen (inkl. Saft) • 200 g Risottoreis • 40 g Butter • 400 ml Kokosmilch • Currypulver

- Mandarinen abtropfen lassen und den Saft dabei auffangen. Den Risottoreis in heißer Butter glasig anschwitzen, dann mit 100 ml Mandarinensaft ablöschen.

- Kokosmilch hinzufügen und alles einkochen lassen, bis die Kokosmilch aufgesogen ist (etwa 20 Min.). Das Risotto mit Curry abschmecken und zuletzt die Mandarinen unterrühren.

Tipp Dazu passen Garnelen oder Hähnchenfleisch. Besonders fruchtig wird es, wenn die gebratenen Garnelen oder das Hähnchenfleisch (in Stücke geschnitten) mit Mangostückchen am Spieß serviert werden.

Polenta mal anders genießen (Foto Seite 4)

Polenta-Lasagne

Für 4 Portionen • gelingt leicht
45 Min. + 25 Min. Backzeit

1 TL Salz • 250 g Polenta • 1 Zwiebel • 400 g gemischtes Schweine- und Rinderhackfleisch • etwas Öl zum Braten • 2 EL Tomatenmark • Pfeffer, frisch gemahlen • 40 g Butter • 100 g Parmesan

- Grundrezept: 1 l Wasser mit 1 TL Salz aufkochen. Die Polenta einrühren und bei geringer Hitze unter ständigem Rühren 10 Min. köcheln lassen. Polenta frisch genießen oder in einer Form abkühlen lassen, in Scheiben schneiden und in etwas Butter anbraten.

- Für die Lasagne die Polenta in eine Form streichen (ca. 5 cm hoch) und abkühlen lassen. Den Backofen auf 180 Grad (Umluft 160 Grad) vorheizen. Die Zwiebel abziehen, klein würfeln und zusammen mit dem Hackfleisch in wenig Öl anbraten. Tomatenmark und 4 EL Wasser zugeben, einige Minuten köcheln lassen und alles mit Salz und Pfeffer würzen.

- Die abgekühlte Polenta in 1 cm breite Streifen schneiden. Eine Schicht Polenta in eine Auflaufform legen. Polentascheiben mit etwas Butter bestreichen, mit der Hälfte des Parmesans bestreuen und das Hackfleisch darüber verteilen. Erneut Polentascheiben auf das Hackfleisch legen, mit Butter bestreichen und mit dem restlichen Parmesan bestreuen. Etwa 25 Min. backen.

Variante Für **Käsepolenta** 50 g Parmesan unter das Grundrezept rühren. Für eine **würzige Polenta** statt Salzwasser Brühe verwenden. Für einen **süßen Polentabrei** Polenta mit Milch und Zucker anstatt mit Salzwasser zubereiten. Und für **Kräuterpolenta** gehackte Kräuter unter die Polenta rühren.

Herrliche Sommerküche!

Mediterraner Gemüse-auflauf

Für 4 Portionen • geht schnell
15 Min. + 25 Min. Backzeit

4 Tomaten • 1 Zucchini • 1 rote Paprikaschote • 1 gelbe Paprikaschote • 4 EL Olivenöl • Salz • Pfeffer, frisch gemahlen • 4 EL Kräuter (z. B. Petersilie, Schnittlauch, Basilikum, Oregano) • 200 g Feta

- Den Backofen auf 180 Grad (Umluft 160 Grad) vorheizen. Tomaten, Zucchini und Paprika waschen und das Gemüse in mundgerechte Stücke schneiden. Gemüse in eine Auflaufform füllen, mit Salz und Pfeffer würzen. Alles mit Olivenöl beträufeln und die Kräuter darüberstreuen.

- Den Feta über den Auflauf krümeln und den Gemüseauflauf 25 Min. im Backofen backen.

Tipp Dazu passt Reis.

Variante Je nach Geschmack können weitere Zutaten hinzugefügt werden (z. B. Aubergine, Oliven, Mais).

Aromatisch und leicht

Tomaten-Sprossen-Auflauf

Für 4 Portionen • gelingt leicht
⏲ 10 Min. + 30 Min. Backzeit

8 Tomaten • 4 Frühlingszwiebeln • 200 g Dickmilch • 4 Eier • Salz • Pfeffer, frisch gemahlen • Tabasco • 200 g Käse (Gouda) • 150 g Sojabohnensprossen

● Den Backofen auf 200 Grad (Umluft 180 Grad) vorheizen. Tomaten waschen und in Scheiben schneiden. Die Frühlingszwiebeln waschen, putzen und klein schneiden. Dickmilch und Eier verrühren, mit Salz, Pfeffer und einigen Tropfen Tabasco würzen.

● Käse raspeln und die Hälfte davon unter die Eimasse geben. Sojabohnensprossen in eine Auflaufform füllen, die Tomatenscheiben darauf verteilen und die Frühlingszwiebeln darüberstreuen. Den Auflauf mit der Sauce begießen und mit dem restlichen Käse bestreuen. Den Auflauf 30 Min. überbacken.

Gulasch ohne Fleisch

Champignon-gulasch

Für 4 Portionen • preisgünstig
⏲ 25 Min.

500 g Champignons • 3 Tomaten • 1 gelbe Paprikaschote • 1 Zwiebel • Öl • Salz • Pfeffer, frisch gemahlen • Paprikapulver • 1 TL Tomatenmark • 100 ml Wasser

● Die Champignons putzen und halbieren. Tomaten und Paprikaschote waschen, putzen und würfeln. Zwiebel abziehen, in kleine Würfel schneiden und in etwas Öl anbraten. Champignons und Paprika zugeben und mit Salz, Pfeffer und Paprika würzen.

● Das Tomatenmark unterrühren, mit Wasser ablöschen, dann die Tomaten hinzugeben und alles etwa 10 Min. dünsten.

Immer schnell aufgegessen

Gemüse-Ei-Pfanne

Für 4 Portionen • preisgünstig
⏲ 20 Min.

2 Zwiebeln • 8 Tomaten • 1 Zucchini • 200 g Champignons • etwas Öl • ½ Bund Petersilie • 4 Eier • Salz • Pfeffer, frisch gemahlen • Paprikapulver • Thymian (gerebelt) •

● Zwiebeln abziehen und fein schneiden. Tomaten und Zucchini waschen, putzen und würfeln. Champignons putzen und in Scheiben schneiden. Alles in etwas Öl andünsten.

● Die Petersilie waschen, zupfen und die Blättchen klein schneiden.

● Die Eier verquirlen, mit Salz, Pfeffer, Paprikapulver, Thymian und Petersilie würzen und über das Gemüse gießen. Das Gericht ist fertig, wenn die Eimasse gestockt ist.

Glasnudeln – eine asiatische glutenfreie Spezialität

Glasnudelpfanne

Für 4 Portionen • gelingt leicht
⏲ 25 Min.

2 Zwiebeln • 500 g gemischtes Schweine- und Rinderhackfleisch • etwas Öl • 1 grüne Paprikaschote • 1 gelbe Paprikaschote • 2 Tomaten • 150 g Sojabohnensprossen • Salz • Pfeffer, frisch gemahlen • 100 g Glasnudeln • Currypulver • Sojasauce

- Zwiebeln abziehen, würfeln und mit dem Hackfleisch in etwas Öl in einer Pfanne anbraten. Die Paprikaschoten waschen und entkernen. Tomaten waschen. Paprika und Tomaten klein schneiden und zusammen mit den Sojabohnensprossen zum Fleisch geben. Alles mit Salz und Pfeffer würzen.

- Glasnudeln nach Packungsanweisung zubereiten, klein schneiden und in die Pfanne geben. Die Glasnudelpfanne mit Curry und Sojasauce abschmecken.

Die Kleinen lieben die Keulen in der Hand

Hähnchenkeulen mit Ofengemüse

Für 4 Portionen • gelingt leicht
⏲ 15 Min. + 45 Min. Backzeit

4 Hähnchenkeulen • Salz • Pfeffer, frisch gemahlen • Paprikapulver • 1 Zucchini • 1 Aubergine • 1 rote Paprikaschote • 1 gelbe Paprikaschote • 12 Cocktailtomaten

- Den Backofen auf 200 Grad (Umluft 180 Grad) vorheizen. Die Hähnchenschenkel mit Salz, Pfeffer und Paprikapulver einreiben und für 25 Min. auf einem Backblech in den vorgeheizten Backofen schieben.

- Zucchini, Aubergine und Paprikaschoten waschen, putzen und in Streifen schneiden. Tomaten waschen und mit der Gabel einstechen. Nach 25 Min. das Gemüse mit auf das Backblech legen und alles zusammen weitere 20 Min. garen.

Das passt dazu Rosmarin- (Seite 71) oder Folienkartoffeln (Seite 71).

« Hähnchenkeulen mit Ofengemüse

Jeder bekommt seine eigene Ecke

Familienpizza

Für 4 Portionen • gelingt leicht
50 Min. + 20 Min. Backzeit

Für den Teig
- 220 g glutenfreies Mehl (z. B. Mix it! Universal von Schär)
- 1 EL Öl
- 1 Prise Salz
- 1 Päckchen Trockenhefe
- 180 ml lauwarmes Wasser

Für die Tomatensauce
- 300 g stückige Tomaten
- 1 EL Olivenöl
- Pfeffer, frisch gemahlen
- Salz
- Oregano (gerebelt)

Für den Belag
- 200 g geriebener Käse
- Zutaten nach Wunsch

● 200 g Mehl, Öl, Salz, Hefe und Wasser in eine Schüssel geben und kräftig verkneten. Den Teig an einem warmen Ort etwa 30–45 Min. gehen lassen. Den Backofen auf 200 Grad (Umluft 180 Grad) vorheizen.

● Den aufgegangenen Teig mit den Händen verkneten, dazu das restliche Mehl zum Teig geben und anschließend auf einem mit Backpapier ausgelegten Blech ausrollen. Tomaten mit Olivenöl verrühren und mit Pfeffer, Salz und Oregano würzen. Die Tomatensauce auf dem Pizzateig verteilen und mit Käse belegen. Die Pizza etwa 20 Min. im Backofen backen.

Variante Hier haben wir jeweils Ideen für je ein Viertel der Familienpizza: Für eine **Mozzarella-Pizzaecke** 75 g Mozzarella in dünne Scheiben schneiden und auf die Tomatensauce legen. Für eine **Rukola-Pizzaecke** mit Serranoschinken 1 Handvoll Rukola entstielen, 3 Cocktailtomaten halbieren und beides mit 1 TL Öl und jeweils 1 Prise Salz und Pfeffer mischen, auf die fertig gebackene Mozzarella-Pizza erst Serranoschinken, dann die Rukola-Tomaten legen und mit Parmesan bestreuen. Für eine **Gemüse-Pizzaecke** 1 rote Paprikaschote in Streifen schneiden, 1 Handvoll Champignons in Scheiben schneiden, 2 TL Mais und einige gekochte Brokkoliröschen verteilen und mit geriebenem Käse belegen und backen. Für eine **Salami-Pizzaecke** 4 Scheiben Salami und 4 halbierte Kirschtomaten auf die Pizzaecke legen und mit Käse bestreuen.

Für eine **kunterbunte Pizza** 1 Zwiebel abziehen und würfeln. Zucchini schälen und in Scheiben schneiden. 500 g frischen Spinat putzen und waschen. Zwiebeln und Zucchini in etwas Öl andünsten, Spinat zugeben, bis er zusammenfällt, mit Salz, Pfeffer und Muskat würzen und auf der Tomatensauce verteilen. 1 gelbe Paprikaschote waschen und putzen. 100 g Schinken und Paprika in Streifen schneiden, auf dem Spinat verteilen und alles mit Käse bestreuen.

Tipp So geht der Pizzateig wunderbar auf: Den Backofen auf 30 bzw. 50 Grad vorheizen und anschließend ausstellen. Die Teigschüssel mit einem feuchten Küchenhandtuch abdecken und in den warmen Backofen stellen.

Sehr saftig und im Bratschlauch zubereitet

Ungarische Rouladen

Für 4 Portionen • braucht etwas mehr Zeit
⏲ 20 Min. + 1 Stunde Backzeit

4 Schweine-Schinkenschnitzel • 2 EL Senf • 200 g Puszta-salat • Paprikapulver • 1 EL Butter • 1 Bratschlauch • 1 rote Paprikaschote • 1 Zwiebel • 1 Handvoll Blumenkohl-röschen • 200 ml Brühe • 1 EL Tomatenmark

● Den Backofen auf 200 Grad (Umluft 180 Grad) vorheizen. Die Schnitzel flach klopfen, dann mit Senf bestreichen und mit Pusztasalat belegen. Anschließend aufrollen und mit Paprikapulver bestäuben. Butter in einen Bratschlauch geben, ein kleines Loch in den Bratschlauch stechen und die Rouladen hineinlegen.

● Die Rouladen 20 Min. bei 200 Grad (Umluft 180 Grad) in den Backofen geben, anschließend die Hitze auf 180 Grad (Umluft 160 Grad) reduzieren und weitere 40 Min. im Backofen garen. Paprikaschote waschen und putzen. Zwiebel abziehen. Paprika und Zwiebel klein schneiden, in einem Topf mit Brühe, den Blumenkohlröschen und Tomatenmark zum Kochen bringen.

● Die Sauce aus dem Bratschlauch in den Topf gießen und die Rouladen darin noch etwa 5–10 Min. köcheln lassen. Dann die Sauce pürieren und zusammen mit den Rouladen servieren.

Ein richtiges Sonntagsessen für alle Generationen

Italienische Rouladen

Für 4 Portionen • braucht etwas mehr Zeit
⏲ 2 Stunden

4 Rinderrouladen • Salz • Pfeffer, frisch gemahlen • 3 EL Tomatenmark • 4 EL Kräuterfrischkäse • 75 g getrocknete Tomaten • 75 g Rukola • etwas Öl • 1 Zwiebel • 1 Stange Porree • 2 Möhren • 100 ml Gemüsebrühe • 400 g passierte Tomaten

● Rinderrouladen salzen und pfeffern, mit Tomatenmark und Frischkäse bestreichen und mit den eingelegten Tomaten und mit Rukola belegen. Anschließend die Rouladen aufrollen und in etwas Öl scharf anbraten.

● Die Zwiebel abziehen und fein schneiden. Porree längs halbieren, gründlich waschen und klein schneiden. Möhren waschen und klein schneiden. Zwiebeln, Porree und Möhren zu den Rouladen geben, mit der Brühe und den passierten Tomaten ablöschen und 1,5–2 Stunden mit geschlossenem Deckel schmoren lassen. Zwischendurch wenden.

● Die Rouladen aus dem Topf nehmen, die Sauce pürieren und zusammen mit den Rouladen servieren.

« Italienische Rouladen

Ideal für einen Kindergeburtstag

Pesto-Frikadellen

Für 4 Portionen • gelingt leicht
25 Min.

1 Zwiebel • 500 g gemischtes Schweine- und Rinderhackfleisch in Bioqualität • 1 Ei • 5 EL Pesto • 3 EL Tomatenmark • 1 EL Senf • ½ TL Pfeffer, frisch gemahlen • ½ TL Salz • Öl

- Zwiebel abziehen und klein schneiden. Hackfleisch, Ei, Pesto, Tomatenmark, Senf, Zwiebeln und Gewürze in eine Schüssel geben und gut verkneten. Aus dem Fleischteig Frikadellen formen und diese in einer Pfanne von allen Seiten knusprig anbraten.

Zart, weich und köstlich

Sahnige Schweinelendchen

Für 4 Portionen • gelingt leicht
10 Min. + 1 Stunde Backzeit

2 Schweinelendchen • Salz • Pfeffer, frisch gemahlen • 8 Scheiben geräucherter Schinken • 250 ml Chillisauce • 400 g Sahne

- Den Backofen auf 200 Grad (Umluft 180 Grad) vorheizen. Die Schweinelendchen in 4 cm dicke Stücke schneiden, salzen und pfeffern. Die Lendchenscheiben jeweils mit Schinken umwickeln und in eine Auflaufform legen.

- Chillisauce und Sahne miteinander vermischen und in die Auflaufform gießen. Die Auflaufform mit Alufolie oder einem passenden Deckel verschließen und die Schweinelendchen im Speckmantel 60 Min. im Backofen garen.

Blitzschnell und vielseitig

Hackfleischtopf

Für 4 Portionen • preisgünstig
20 Min.

2 Zwiebeln • 1 kg gemischtes Schweine- und Rinderhackfleisch in Bioqualität • etwas Öl • 2 Stangen Porree • 500 ml Brühe • 400 g passierte Tomaten • ½ Dose Mais • 1 TL Senf • Paprikapulver • Salz • Pfeffer, frisch gemahlen • 100 g saure Sahne

- Zwiebeln abziehen und würfeln. Hackfleisch und Zwiebeln in etwas Öl anbraten. Porreestangen längs halbieren, gründlich waschen, klein schneiden und dazugeben. Mit der Brühe und den passierten Tomaten ablöschen, den Mais hinzufügen und alles ein wenig köcheln lassen.

- Mit Senf, Paprikapulver, Salz und Pfeffer würzen und anschließend die saure Sahne unterrühren.

Das passt dazu Lecker mit Nudeln oder Kartoffeln, aber auch als eigenständiges Gericht.

Beliebt bei Männerabenden

Barbecue-Hackfleischpizza

Für 4 Portionen • gelingt leicht
⏲ 50 Min. + 20 Min. Backzeit

1 Grundrezept Pizzaboden (Seite 82)
Für die Sauce
150 ml Barbecuesauce
Für den Belag
500 g gemischtes Schweine- und Rinderhackfleisch • 200 g Frühstücksspeck • 200 g Gouda • 10 Cocktailtomaten • etwas Öl

- Den Pizzateig zubereiten, ausrollen, auf ein Blech legen und mit Barbecuesauce bestreichen. Den Backofen auf 200 Grad (Umluft 180 Grad) vorheizen.

- Das Hackfleisch in etwas Öl anbraten und die Pizza damit belegen. Tomaten waschen und halbieren. Den Frühstücksspeck anbraten und beides auf das Hackfleisch legen. Den Käse raspeln, die Pizza damit bestreuen und 20 Min. im vorgeheizten Backofen backen.

Die Variante ohne Wasabi ist ideal für Kinder

Sushirollen

Für 4 Portionen • braucht etwas mehr Zeit
⏲ 40 Min. + 20 Min. Kochzeit

250 g Sushireis • 2 EL Reisessig • 2 TL Zucker • 1 TL Salz • 100 g Lachs • 3 Noriblätter • Wasabipaste

- Sushireis gründlich waschen und nach Packungsanweisung kochen, anschließend den Reis abkühlen lassen. Essig, Zucker und Salz verrühren und mit dem fertigen Reis vermischen. Den Lachs in dünne Streifen schneiden.

- Die Noriblätter halbieren und jeweils 3 EL Reis mittig darauf verteilen, etwa 1 cm zu den Seiten freilassen. Mit einem erbsengroßen Klecks Wasabi einen hauchdünnen langen Strich in die Mitte des Reises ziehen (nur sehr wenig Wasabi nehmen, denn er ist extrem scharf).

- Einen Lachsstreifen auf den Wasabi legen, dann das belegte Algenblatt mit leichtem Druck zu einer Rolle formen (geht am besten mithilfe einer Rollmatte), gut andrücken und mit einem scharfen Messer in Stücke schneiden.

Variante Für Sushi mit Gurkenfüllung 1 Salatgurke vierteln, die Kerne entfernen, auf Länge der Algenblätter schneiden und statt des Lachses verwenden. Für Sushi mit Möhrenfüllung 1 Möhre in Streifen schneiden und statt des Lachses verwenden.

Tipp Den Reis am besten mit den Fingern verteilen. Wenn die Finger in Essigwasser (¼ l Wasser, 3 EL Reisessig) getaucht werden, klebt der Reis nicht an den Händen.

KUCHEN UND CO

Die Variante mit Gummibärchen ist ein Hingucker

Marmorkuchen

Für 1 Kuchen • geht schnell
⏲ 10 Min. + 1 Stunde Backzeit

250 g Butter • 150 g Zucker • 1 Päckchen Vanillezucker • 5 Eier • 350 g glutenfreies Mehl (z. B. Mix Kuchen und Kekse von Schär) • 1 Päckchen Backpulver • 4 EL Kakaopulver • 6 EL Milch

- Den Backofen auf 180 Grad (Umluft 160 Grad) vorheizen. Butter, Zucker und Vanillezucker miteinander verrühren, anschließend die Eier dazugeben. Dann Mehl und Backpulver unterrühren. ⅔ des Kuchenteigs in eine eingefettete Marmorkuchenform füllen.

- Milch und Kakao unter die übrige Teigmasse rühren und den Teig dunkel färben. Den dunklen Teig ebenfalls in die Kuchenform geben. Mit einer Gabel spiralförmig durch die Kuchenschichten ziehen und den Kuchen anschließend 1 Stunde im Backofen backen.

Variante Den Kuchen mit Schokoladenkuvertüre überziehen und mit Gummibärchen oder bunten Zuckerstreuseln verzieren. Der Kuchen lässt sich auch in einer Königskuchenform toll backen.

Wandert direkt aus der Kinderhand in den Mund

Knusper-Blechkuchen

Für 1 Blech • gelingt leicht
20 Min. + 30 Min. Backzeit

Für den Boden
3 Eier • 150 g Zucker • 150 g Sahne • 250 g glutenfreies Mehl (z. B. Mix it! Universal von Schär) • 1 Päckchen Backpulver
Für den Belag
100 g Butter • 200 g gehobelte Mandeln • 30 g Zucker • 100 g Puderzucker • 1 EL Zitronensaft

- Den Backofen auf 200 Grad (Umluft 180 Grad) vorheizen. Für den Teig Eier und Zucker schaumig schlagen, die Sahne hinzugeben, dann Mehl und Backpulver unterrühren. Ein Backblech mit Backpapier auslegen und die Teigmasse darauf verteilen. Den Kuchen etwa 15 Min. im Backofen backen.

- Für den Belag die Butter in einem Topf schmelzen, Mandeln und Zucker unterrühren und die Mandelmasse auf den vorgebackenen Boden streichen. Den Kuchen weitere 15 Min. backen und anschließend abkühlen lassen.

- Puderzucker mit Zitronensaft und einigen Tropfen Wasser glatt streichen und den Zitronenguss mit einem Spritzbeutel in dünnen Wellen über den Kuchen ziehen.

Variante Statt mit Mandeln den abgekühlten Kuchenboden vollständig mit Zitronen-Zuckerguss bestreichen und auf dem feuchten Guss bunte Zuckerstreusel verteilen oder den Kuchenboden mit Früchten und Sahne belegen.

Rühren, backen, belegen – hier helfen alle mit

Mandarinen-Torte mit Joghurtschokolade

Für 1 Torte • gut vorzubereiten
25 Min. + 30 Min. Backzeit + 3 Stunden Kühlzeit

Für den Boden
2 Eier • 90 g Zucker • 1 Päckchen Vanillezucker • 140 g glutenfreies Mehl (z. B. Mix it! Universal von Schär) • 1 Päckchen Backpulver • 50 ml Sonnenblumenöl • 50 ml Sprudelwasser
Für den Belag
400 g Sahne • 2 Päckchen Sahne-Steif • 400 g Schmand • 2 Dosen Mandarinen • 50 g Getränkepulver Orange • 100 g Joghurtschokolade

- Den Backofen auf 180 Grad (Umluft 160 Grad) vorheizen. Eier schaumig schlagen, dann Zucker und Vanillezucker einrühren. Mehl und Backpulver dazugeben. Öl und Wasser unterrühren. Den Teig in eine gefettete Springform füllen und im Backofen etwa 30 Min. backen. Anschließend den Tortenboden aus der Springform lösen und abkühlen lassen.

- Die Sahne mit Sahne-Steif schlagen. Den Schmand mit einem Messer auf dem abgekühlten Tortenboden verteilen und mit den abgetropften Mandarinen belegen. Das Getränkepulver unter die steif geschlagene Sahne heben und die Sahnemasse auf die Mandarinen streichen.

- Die Torte mindestens 3 Stunden (am besten über Nacht) kühl stellen, damit der Belag schön durchzieht. Zur Verzierung die Schokolade auf die Sahne raspeln.

Tipp Der Kuchen lässt sich prima am Vortag zubereiten.

» Knusper-Blechkuchen

Erfrischende Frischkäsetorte

Zitronen-Sommertorte

Für 1 Torte • gut vorzubereiten
25 Min. + 4 Stunden Kühlzeit

1 Packung Zitronen-Götterspeise (für 500 ml) • 200 g glutenfreie Butterkekse (z. B. von Schär) • 100 g Butter • 2 Zitronen • 200 g Frischkäse • 100 g Zucker • 400 g Sahne

- Die Götterspeise mit 400 ml Wasser zubereiten und leicht abkühlen lassen. Die Butterkekse fein mahlen (geht am besten, indem die Kekse in einen Gefrierbeutel gefüllt und mit einem Nudelholz platt gewälzt werden). Die Butter im Topf schmelzen und mit den Keksstreuseln vermengen. Diese Masse auf einen eingefetteten Springformboden geben und andrücken.

- Die Zitronen auspressen. Frischkäse, Zucker und Zitronensaft vermengen und anschließend die abgekühlte Götterspeise (sollte noch nicht fest sein) dazugeben. Sahne steif schlagen und unter die Frischkäse-Götterspeise-Masse heben.

- Die Füllung auf dem Tortenboden verteilen und 4 Stunden, am besten jedoch über Nacht, kühl stellen.

« Zitronen-Sommertorte

Saftiger Kastenkuchen

Zitronenkuchen

Für 1 Kastenkuchen • gelingt leicht
20 Min. + 30 Min. Backzeit

180 g Reismehl • 70 g Speisestärke • 2 TL Guarkernmehl • 2 TL Flohsamenschalenpulver • 5 Eier • 150 g Zucker • 1 Packung Backpulver • 100 ml Zitronensaft (frisch gepresst)

- Den Backofen auf 180 Grad vorheizen.

- Reismehl, Speisestärke, Guarkernmehl und Flohsamenschalenpulver miteinander vermischen.

- Die Eier mit dem Zucker verquirlen. Die Mehlmischung und anschließend Backpulver und Zitronensaft dazugeben und alles miteinander verrühren.

- Den Teig in eine eingefettete Kastenform füllen und 30 Min. backen.

Tipp Den erkalteten Kuchen mit einem Guss aus Puderzucker und Zitronensaft bestreichen.

Ene, mene, meck – alles weg!

Mandarinen-Käsekuchen

Für 1 Kuchen • geht schnell
10 Min. + 40 Min. Backzeit

200 g Butter • 100 g Zucker • 1 Päckchen Vanillezucker • 5 Eier • 250 g Quark • 250 g glutenfreies Mehl (z. B. Mix it! Universal von Schär) • ½ Päckchen Backpulver • 1 Dose Mandarinen

- Den Backofen auf 180 Grad (Umluft 160 Grad) vorheizen. Butter mit Zucker und Vanillezucker cremig rühren. Eier und Quark dazugeben und verrühren. Zuletzt Mehl und Backpulver kurz untermischen.

- Den Kuchen in eine gefettete Springform füllen, mit Mandarinen belegen und 40 Min. im Backofen backen.

Variante Statt Mandarinen schmecken auch Kirschen prima.

Beim Streuselkneten helfen schon die Kleinsten

Kirsch-Streuselkuchen

Für 1 Kuchen • gelingt leicht
⏲ 20 Min. + 50 Min. Backzeit

Für den Boden und die Streusel
250 g glutenfreies Mehl (z. B. Mix Kuchen und Kekse von Schär) • 2 TL Backpulver • 150 g Zucker • 150 Butter • 1 Ei
Für die Füllung
1,5 Packungen Vanillepuddingpulver (für 500 ml Milch + 60 g Zucker) • 200 g Schmand • 1 Glas Kirschen

● Den Backofen auf 180 Grad (Umluft 160 Grad) vorheizen. Mehl mit Backpulver vermischen. Zucker, Butter und Ei dazugeben und alles miteinander zu Streuseln verkneten.

● Für die Füllung den Vanillepudding nach Packungsanweisung zubereiten (dabei so viel Milch verwenden wie für eine Packung erforderlich), dann den Pudding abkühlen lassen und mit Schmand verrühren. ⅔ der Streusel als Boden in eine eingefettete Springform drücken.

● Anschließend die Puddingmasse auf dem Boden verteilen, mit Kirschen belegen und die restlichen Streusel daraufstreuen. Den Kuchen ca. 50 Min. im Backofen backen.

Variante Der Kuchen eignet sich auch super als Blechkuchen, dafür etwa ⅓ mehr Streuselteig herstellen.

Von Kindern gerne noch mit Streuseln dekoriert

Nuss-Kirsch-Torte

Für 1 Torte • gelingt leicht
⏲ 20 Min. + 30 Min. Backzeit

120 g Zucker • 3 Eier • 200 g gemahlene Haselnüsse • 1 TL Backpulver • 100 g Schokoraspel (Zartbitter) • 2 Gläser Kirschen • 2 Päckchen roter Tortenguss

● Den Backofen auf 180 Grad (Umluft 160 Grad) vorheizen. Zucker und Eier schaumig schlagen. Haselnüsse, Backpulver und Schokoraspel dazurühren, dann die Teigmasse in eine gefettete Springform füllen. Den Boden 30 Min. im Backofen backen und anschließend abkühlen lassen.

● Kirschen abtropfen lassen und dabei den Saft auffangen. Den abgekühlten Tortenboden mit Kirschen belegen. Den Tortenguss nach Packungsanweisung mit dem Kirschsaft aufkochen und über die Kirschen verteilen.

Mit Cocktailfrüchten

Käsekuchen ohne Mehl

Für 1 Kuchen • geht schnell
⏲ 10 Min. + 1 Stunde Backzeit

100 g Butter • 250 g Zucker • 6 Eier • 1 kg Quark • 2 Packungen Vanillepuddingpulver • 1 TL Backpulver • 1 Dose Cocktailfrüchte

● Den Backofen auf 180 Grad (Umluft 160 Grad) vorheizen. Butter, Zucker, Eier, Quark, Vanillepuddingpulver, Backpulver nacheinander miteinander verrühren, bis ein glatter Teig entsteht. Die Hälfte des Teigs in eine gefettete Springform füllen.

● Die Quarkmasse mit Cocktailfrüchten belegen und den restlichen Teig darübergießen. Den Kuchen 1 Stunde im Backofen backen.

Variante Schmeckt auch ohne Obst sehr lecker.

Ein Genuss für Kleine und Große

Schokoladenkuchen

Für 1 Kuchen • gelingt leicht
⏲ 20 Min. + 25 Min. Backzeit

200 g Zartbitterschokolade • 200 g Butter • 4 Eier • 100 g Puderzucker • 1 Päckchen Vanillezucker • 100 g Schokoladenstreusel • 1 Packung Schokoladenpuddingpulver • 2 TL Backpulver

● Den Backofen auf 180 Grad (Umluft 160 Grad) vorheizen. Zartbitterschokolade in kleine Stücke hacken und zusammen mit der Butter in einem Topf zum Schmelzen bringen, anschließend ein wenig abkühlen lassen.

● Eier, Puderzucker und Vanillezucker schaumig rühren, die geschmolzene Schokoladenmasse dazurühren. Dann Schokoladenraspel, Puddingpulver und Backpulver unterheben. Den Teig in eine gefettete Springform füllen und den Kuchen 25 Min. backen.

Schmeckt mit und ohne Belag

Fantakuchen

Für 1 Backblech (Maße ca. 36 × 23 cm) • gelingt leicht
⏲ 20 Min. + 20 Min. Backzeit

Für den Boden: 80 g Kartoffelmehl • 120 g Reismehl • 40 g Maismehl • 2 TL Guarkernmehl • 10 g Flohsamenschalenpulver • (oder: alternativ 250 g glutenfreie Fertigmehlmischung) • 160 g Zucker • 1 Packung Vanillezucker • 4 Eier • 1 Packung Backpulver • 200 ml Fanta (160 ml bei Fertigmehlmischung) • 75 ml Pflanzenöl
Für den Belag: 2 Dosen Pfirsiche • 400 g Schmand • 2 Päckchen Vanillezucker • 600 g Sahne • 3 Päckchen Sahne-Steif

● Alle Mehle und Flohsamenschalenpulver miteinander vermischen.

● Zucker und Eier schaumig schlagen. Pflanzenöl, Fanta, Mehlmischung und Backpulver dazugeben und verrühren. Den Teig auf ein mit Backpapier ausgelegtes Backblech gießen und 20 Min. bei 180 Grad backen.

● Für den Belag die Pfirsiche in mundgerechte Stücke schneiden und mit Schmand und Vanillezucker vermischen. Sahne mit Sahne-Steif aufschlagen und unter die Schmandcreme heben. Die Creme auf den Kuchenboden streichen.

Backen mit glutenfreien Mehlen – was ist anders?

Backen mit glutenfreien Teigen ist zunächst eine große Umstellung. Das fehlende Gluten wirkt sich erheblich auf die Backeigenschaften aus. Nicht verzweifeln – an den Umgang mit glutenfreien Teigen und ihren speziellen Eigenschaften gewöhnt man sich mit ein paar Tricks schnell.

Glutenfreie Teige benötigen z. B. oft mehr Flüssigkeit. Bei herkömmlichen Rezepten mit hohen Mehlmengen verwenden wir daher immer etwas mehr Flüssigkeit (in der Regel etwa 10 % mehr). Glutenfreie Teige sind deshalb auch oft dünnflüssiger, bevor sie in den Backofen kommen. Bei Rezepten mit geringem Mehlanteil haben wir gute Erfahrungen damit gemacht, das herkömmliche Mehl einfach durch glutenfreies Mehl zu ersetzen. Glutenfreie Teige sind zudem oft klebrig und lassen sich nicht formen. Zum Ausrollen den Teig am besten zwischen zwei Schichten Backpapier legen. Einige Teigsorten, wie z. B. Brötchenteige, lassen sich mit befeuchteten Händen gut formen. Die Kuchenformen legen wir immer gut mit Backpapier aus oder fetten sie mit Butter ein, damit der Teig nicht in der Kuchenform kleben bleibt. Auch Silikonbackformen nutzen wir gerne für glutenfreie Teige.

Glutenfreie Brot- und Brötchenteige haben meist eine helle Kruste. Wenn eine Verdunklung der Kruste gewünscht ist, kann die Kruste einfach mit ein wenig Butter oder Eigelb bestrichen werden. Glutenfreies Backgut trocknet auch oft schnell aus und hat eine geringe Haltbarkeit. Bei vielen Backwaren kann es daher sinnvoll sein, einige Portionen frisch einzufrieren. Insbesondere frisches Brot kann hervorragend scheibenweise eingefroren und bei Bedarf im Toaster frisch aufgebacken werden.

Glutenfreie Dekorationen

Nicht nur beim Teig, auch bei der Dekoration der Backwaren ist genauestens auf Glutenfreiheit zu achten. Ob Schokoladenkuvertüre, Zucker- oder Schokoladenstreusel, Zuckerschrift, Dekorblüten, Marzipan, Gummibärchen, Schokolinsen, Mokkabohnen, Puderzuckerguss, Sahnehäubchen, Haselnuss Krokantstreusel, Mandeln – für eine hübsche Dekoration gibt es viele glutenfreie Möglichkeiten, die benötigten Zutaten sind auch in üblichen Supermärkten zu finden. Aber auch hier gilt: Die Zutatenlisten sind nicht immer identisch und müssen vor dem Kauf genauestens auf Glutenfreiheit geprüft werden.

Besonders beliebt sind bei Emily zurzeit jegliche Schokoladendekorationen oder bunt dekorierte Gebäcke, bei denen wir Puderzuckerguss, Marzipan oder Sahne mit Lebensmittelfarbe bunt einfärben.

Ein fruchtig-käsiges Vergnügen

Birnen-Frischkäse-Kuchen

Für 1 Kuchen • geht schnell
15 Min. + 15 Min. Backzeit

3 Eier • 80 g Zucker • 30 g Speisestärke • 150 g gemahlene Haselnüsse • 1 TL Backpulver • etwas Butter • 400 g Sahne • 2 Päckchen Sahne-Steif • 350 g Frischkäse • 40 g Zucker • 800 g Birnen (aus der Dose)

- Den Backofen auf 180 Grad (Umluft 160 Grad) vorheizen. Die Eier trennen. Eiweiß steif schlagen, dann den Zucker unterrühren. Speisestärke, Haselnüsse und Backpulver vermischen und unterrühren. Den Teig in eine gefettete Springform füllen und 15 Min. im Backofen backen, anschließend abkühlen lassen.

- Sahne mit Sahne-Steif schlagen, anschließend Frischkäse und Zucker unterrühren. Die Birnen abtropfen lassen. Sahne-Frischkäse-Creme auf den Tortenboden streichen und die Birnenhälften kreisförmig darauf verteilen.

« Kokos-Himbeer-Torte

Eine feine Torte ganz ohne Mehl

Kokos-Himbeer-Torte

Für 1 Torte • gut vorzubereiten
30 Min. + 30 Min. Backzeit + 3 Stunden Kühlzeit

Für den Boden
100 g Butter • 100 g Zucker • 3 Eier • 50 g Kakaopulver • 100 g gemahlene Mandeln • 100 g Kokosraspel • 2 TL Backpulver
Für die Füllung
4 TL Himbeermarmelade • 200 g Sahne • 300 g Joghurt • 1 Päckchen Gelatine
Für den Belag
300 g Himbeeren • 3 EL Zucker • ½ Päckchen Gelatine

- Den Backofen auf 180 Grad (Umluft 160 Grad) vorheizen. Butter und Zucker cremig rühren, dann die Eier dazurühren und Kakaopulver, Mandeln, Kokosraspel und Backpulver unterrühren. Den Teig in eine gefettete Springform geben und 30 Min. backen.

- Den Tortenboden anschließend herausnehmen, abkühlen lassen und mit Marmelade bestreichen. Sahne steif schlagen und den Joghurt unterrühren. 1 Packung Gelatine nach Packungsanweisung zubereiten, in die Sahne-Joghurt-Masse einrühren und anschließend alles auf den Tortenboden streichen.

- Für den Belag Himbeeren pürieren und den Zucker unterrühren. ½ Packung Gelatine nach Packungsanweisung zubereiten, in das Himbeermus einrühren und auf die Sahne-Joghurt-Schicht verteilen. Die Torte mindestens 3 Stunden kühl stellen.

Leckereien für die Party in Kita und Schule

In vielen Kindergärten und Schulen ist es üblich, dass Kinder an ihrem Geburtstag Leckereien ausgeben. Für Zöliakie-Kinder ist es meist wichtig, dass sie Leckeres verteilen, mit dem sie anderen Kindern zeigen können, dass ihre glutenfreie Ernährung nicht anders ist und schmeckt.

Folgende Leckereien eignen sich hervorragend, um sie in Kindergarten oder Schule zu verteilen:

- Quark mit Obst und/oder Schokostreuseln und/oder Zuckerstreuseln
- Gemüsesticks mit Dip (Seite 42)
- Obst-Käsewürfel-Häppchen, die auf bunte Spieße gesteckt werden
- Käse- oder Quarkbrötchen (Seite 23)
- Muffins (Seite 106)
- Cupcakes (Seite 109)
- Cake pops (Seite 106)
- Müsliriegel (Seite 116)
- Süßigkeiten und Nussmischungen (aber Vorsicht: ggf. Allergien anderer Kinder)

Wenn andere Kinder Leckereien ausgeben, sollten Eltern im Vorfeld Folgendes bedenken:

- Es ist sinnvoll, dem Kind beizubringen, dass es glutenhaltige Lebensmittel gegen glutenfreie Lebensmittel bei den Eltern eintauschen kann.
- Nützlich ist es, dem Betreuungspersonal in Kindergarten oder Schule eine Dose mit glutenfreien Leckereien in Verwahrung zu geben. Werden im Kindergarten oder in der Schule glutenhaltige Leckereien verteilt, kann sich das Kind aus der Dose bedienen und gemeinsam mit den anderen Kindern naschen.
- Es empfiehlt sich, mit den anderen Eltern in Kontakt zu treten, wenn Geburtstage der anderen Kinder anstehen, um dem Kind gegebenenfalls glutenfreie Alternativen mitzugeben.
- Muffins (Seite 106) lassen sich prima einfrieren, so gibt es immer eine glutenfreie Kuchenalternative zu Hause, wenn das Kind kurzfristig eingeladen wird oder kurzfristig ein Kind in Schule oder Kindergarten Kuchen ausgibt und keine Zeit zum Backen ist.

Wenn wir eingeladen werden

Für Einladungen außer Haus, bei denen es Kuchen gibt, geben wir gerne glutenfreie Rezepte mit folgenden Informationen an die Gastgeber weiter:

- Zu den Zutaten schreiben wir die Namen aktueller Hersteller glutenfreier Waren, die im Supermarkt zu finden sind. Häufig gebe ich der Einfachheit halber Rezepte weiter, die kein spezielles Diätmehl benötigen.
- Die eingekauften Zutaten nicht neben dem staubenden Weizenmehl im Schrank aufbewahren.
- Um eine Kontamination zu vermeiden, die Backformen vollständig

mit Backpapier auslegen oder eine von meinen Backformen benutzen. Ideal lassen sich Backbleche und Königskuchenbackformen mit Backpapier auslegen.

- Vorsichtshalber den Backofen, die Arbeitsfläche und gegebenenfalls auch den Mixer vor Benutzung noch einmal mit einem feuchten Tuch abwischen.
- Darauf achten, dass glutenfreie und glutenhaltige Kuchen nicht mit demselben Messer angeschnitten werden dürfen und an der Kaffeetafel glutenhaltiger Kuchen nicht über glutenfreiem Kuchen transportiert werden sollte.
- Unbedingt beachtet werden muss außerdem, dass auch der Tortenheber glutenfrei bleibt – vor allem, wenn glutenfreier Kuchen auf einen Teller gegeben wird, von dem vorher bereits glutenhaltiger Kuchen gegessen wurde, kann der Tortenheber die übrigen glutenfreien Kuchenstücke kontaminieren.

Diese Torte lässt Mädchenherzen höher schlagen

Schmetterlingstorte

Für 1 Torten • gelingt leicht
⏲ 40 Min. + 35 Min. Backzeit

Für den Boden
- 3 Eier
- 70 g Butter
- 60 g Zucker
- 50 g glutenfreies Mehl (z. B. Mix Kuchen und Kekse von Schär)
- 2 TL Backpulver

Für den Belag
- 1 Glas Kirschen inkl. Kirschsaft
- 200 g Sahne
- 500 g Quark
- 3 EL Zucker
- 1 Päckchen Gelatine
- 1 Päckchen roter Tortenguss

Für die Dekoration
- 2 glutenfreie Löffelbisquits als Schmetterlingskörper (z. B. von Schär)
- bunte Zuckerstreusel
- diverse Backdekorationen, z. B. Zuckerperlen, Dekorkonfetti, Dekorblüten, rote Lebensmittelfarbe
- 2 Schokoladensticks als Fühler

● Den Backofen auf 180 Grad (Umluft 160 Grad) vorheizen. Eier trennen, Eigelb mit Butter und Zucker cremig rühren. Mehl und Backpulver dazurühren. Eiweiß steif schlagen und unter den Teig heben. Den Teig in eine eingefettete Springform füllen und 35 Min. backen.

● Für den Belag die Kirschen abgießen, den Saft dabei auffangen und die Kirschen auf dem ausgekühlten Kuchenboden verteilen. Die Sahne steif schlagen. Quark mit dem Zucker cremig rühren und die Sahne unterheben. Gelatine nach Packungsanweisung zubereiten, unter die Quarkcreme rühren und die Creme anschließend auf den Kirschen verteilen. Den Tortenguss mit Kirschsaft nach Packungsanweisung zubereiten, auf der Quarkcreme verteilen und erkalten lassen.

● Den Kuchen halbieren. Die Kuchenhälften an den Rundungen wieder aneinanderlegen, jede Hälfte stellt einen Schmetterlingsflügel dar.

● Als Schmetterlingskörper 2 Löffelbisquits zwischen die Schmetterlingsflügel legen. Die Ränder der Schmetterlingsflügel mit bunten Zuckerstreuseln verzieren. Die Schmetterlingsflügel nach Wunsch bunt belegen, z. B. mit Zuckerperlen, Dekorkonfetti, Dekorblüten oder Sahnehäubchen. Die Sahnehäubchen können mit bunter Lebensmittelfarbe eingefärbt werden. Schokoladensticks als Fühler in den Kuchen stecken.

Eine Variante des Fantakuchens (Seite 95)

Fußballtorte

Für 1 Torte • gelingt leicht
20 Min. + 25 Min. Backzeit + Dekoration

Für den Boden
- 150 g Zucker
- 3 Eier • 100 ml Öl
- 150 ml Fanta
- 375 g glutenfreies Mehl (z. B. Mix it! Universal von Schär)
- 2 TL Backpulver
- grüne Lebensmittelfarbe

Für die Füllung
- 200 g Sahne
- 1 Päckchen Sahne-Steif
- 2 Dosen Mandarinen
- 200 g Schmand
- 1 Päckchen Vanillezucker

Für die Dekoration
- 5 EL Puderzucker
- grüne Lebensmittelfarbe
- weiße Zuckerschriftfarbe
- Gummibärchen
- Schokoladenkugel
- 4 Zahnstocherfähnchen

● Den Backofen auf 200 Grad (Umluft 180 Grad) vorheizen. Zucker und Eier schaumig schlagen. Öl, Fanta, Mehl und Backpulver dazugeben und verrühren. Die grüne Lebensmittelfarbe unterrühren. Den Teig auf ein mit Backpapier ausgelegtes Backblech gießen und 25 Min. im Backofen backen. Anschließend den Tortenboden auskühlen lassen und in zwei Hälften schneiden

● Für die Füllung die Sahne mit Sahne-Steif schlagen, den Schmand und den Vanillezucker unterrühren. Eine Hälfte des Tortenbodens mit Mandarinen belegen und die Sahne-Schmand-Creme darauf verteilen. Die andere Hälfte des Tortenbodens darauflegen.

● Für die Dekoration den Puderzucker mit einigen Tropfen Wasser verrühren, grüne Lebensmittelfarbe untermischen und den oberen Tortenboden damit bestreichen. Mit weißer Zuckerschrift Spielfeldlinien zeichnen, Gummibärchen als Spieler auf das Spielfeld stellen (lassen sich mit Puderzuckerguss gut festkleben), Spielfeld mit vier Eckfahnen und einer Schokoladenkugel als Ball vervollständigen

Variante Für Pferdeliebhaberinnen den grünen Tortenboden mit ein paar Spielzeugpferden als Pferdekoppel dekorieren.

Lässt kleine Piratenaugen strahlen

Piratenschiffkuchen

Für 1 Kuchen • gelingt leicht
20 Min. + 1 Stunde Backzeit

250 g Butter • 150 g Zucker • 1 Päckchen Vanillezucker • 5 Eier • 350 g glutenfreies Mehl (z. B. Mix Kuchen und Kekse von Schär) • 1 Päckchen Backpulver • 12 EL Milch • 8 EL Kakaopulver • 200 g Schokoladenkuvertüre
Für die Dekoration
Schokoladenriegel als Reling (z. B. 4 Riegel Kinderschokolade) • Gummibärchen • 3 glutenfreie Grissinis (z. B. von Schär) • 1 Piratenflagge

- Den Backofen auf 180 Grad (Umluft 160 Grad) vorheizen. Butter, Zucker und Vanillezucker cremig rühren. Die Eier, dann Mehl und Backpulver unterrühren. Milch und Kakao dazugeben und den Teig damit dunkel färben. Den Kuchenteig in eine Königskuchenform geben und etwa 1 Stunde backen, anschließend abkühlen lassen.

- 2 Kuchenstücke vorne schräg abschneiden, dies bildet den Schiffsrumpf. Schokoladenkuvertüre schmelzen lassen. Die beiden abgeschnittenen Kuchenstücke oben auf den Kuchen legen, mit Schokoladenkuvertüre festkleben, sie bilden die Kommandobrücke.

- Das gesamte Schiff mit Schokoladenkuvertüre überziehen und die Schokoladenriegel als Reling auf dem Schiff mithilfe von Kuvertüre festkleben.

- Gummibärchen als Piraten verwenden und das Schiff mit einer Piratenflagge dekorieren. Grissinis mittig durchbrechen und als Kanonenrohre in den Kuchen stecken.

« Marienkäfertorte

Besonderer Blickfang auf dem Kindergeburtstagstisch

Marienkäfertorte

Für 1 Torte • braucht etwas mehr Zeit
20 Min. + 45 Min. Backzeit + Dekoration

4 Eier • 100 g Zucker • 100 g glutenfreies Mehl (z. B. Mix Kuchen und Kekse von Schär) • 50 g Speisestärke • 2 TL Backpulver • 2 EL Kakao • 300 g Beeren • 400 g Sahne • 2 Päckchen Sahne-Steif • 50 g bunte Zuckerstreusel
Für die Dekoration
200 g Marzipan • rote Lebensmittelfarbe • 200 g Schokoladenkuvertüre • weiße Zuckerschrift • 6 Schokoladensticks

- Den Backofen auf 180 Grad (Umluft 160 Grad) vorheizen. Eier und Zucker cremig schlagen. Mehl, Stärke und Backpulver zugeben und den Kakao unterrühren. Den Teig in eine Springform füllen und 25 Min. backen, den Tortenboden aus der Springform lösen und abkühlen.

- Den Tortenboden durchschneiden. Die Beeren waschen, abtropfen lassen und auf die untere Hälfte legen. Sahne mit Sahne-Steif schlagen, die Zuckerstreusel unterheben und auf die Beeren streichen.

- Den Tortendeckel in drei Teile schneiden: halbrunder Kopf, den Rest als Flügel halbieren. Marzipan mit Lebensmittelfarbe einfärben, anschließend die Marzipanmasse halbieren. Jeweils einen Teil Marzipan ausrollen, um damit einen Flügel zu überziehen. Das überstehende Marzipan wird jeweils unter den Flügeln eingeschlagen.

- Kuvertüre schmelzen, den Kopf damit einstreichen und mit einer Spritztüte Punkte auf die Flügel malen. Die Kuvertüre trocknen lassen, dann mit weißer Zuckerschrift ein Gesicht darauf zeichnen. Kopf und Flügel auf der Beeren-Sahne-Masse zusammensetzen. Die Schokoladensticks an jede Seite der Torte stecken.

Backen, zerbröseln, verkneten – toll für Kinderhände

Cake Pops

Für 15 Stück • gelingt leicht
⏲ 40 Min. + 20 Min. Backzeit

125 g Butter • 80 g Zucker • 2 Eier • 100 g glutenfreies Mehl (z. B. Mix Kuchen und Kekse von Schär) • 1 TL Backpulver • 2 EL Kakaopulver • 70 g Frischkäse • 150 g Puderzucker • 15 Lutscherstiele • 125 g Schokoladenkuvertüre • Zuckerstreusel

● Den Backofen auf 180 Grad (Umluft 160 Grad) vorheizen. Butter, Zucker und Eier cremig rühren. Mehl, Backpulver und Kakaopulver unterrühren. Teig in eine mit Backpapier ausgelegte Kuchenform geben und 20 Min. backen. Anschließend herausnehmen, auskühlen lassen und den Kuchen mit den Händen zerbröseln.

● Frischkäse und Puderzucker miteinander verrühren, unter die Teigbrösel kneten. Teig zu tischtennisballgroßen Kugeln formen, anschließend für 15 Min. ins Gefrierfach legen. Schokolade schmelzen, Lutscherstiele darin eintunken und in die Cake Pops stecken. Cake Pops in die Schokolade tauchen, mit Zuckerstreuseln dekorieren und aushärten lassen.

Variante Cake Pops lassen sich auch toll mit Marzipan oder mit Puderzuckerguss umhüllen, am besten mit Lebensmittelfarbe bunt gefärbt.

Sind immer ratz, fatz weggenascht

Bananen-Muffins

Für 24 Muffins • geht schnell
⏲ 10 Min. + 20 Min. Backzeit

2 Eier • 100 g Zucker • 80 ml Öl • 4 Bananen • 190 g glutenfreies Mehl (z. B. Mix it! Universal von Schär) • 2 TL Backpulver • 75 g Schokoraspel

● Den Backofen auf 200 Grad (Umluft 180 Grad) vorheizen. Ein Muffinblech einfetten oder Silikon-Muffinförmchen bereitstellen. Eier, Zucker und Öl miteinander verrühren.

● Die Bananen mit einer Gabel zerdrücken und unterrühren. Mehl und Backpulver kurz unterheben, dann die Schokoraspel untermischen. Teig in die Muffinförmchen füllen und 20 Min. im Backofen backen.

Variante Statt Bananen 2 Äpfel in ganz kleine Würfel schneiden und mit 50 ml Apfelsaft in den Teig geben.

» Cake Pops

Herrlich fluffig

Waffeln

5 Waffeln • gelingt leicht
⏲ 20 Min. + 15 Min. Ruhezeit

3 Eier • 120 g Reismehl • 80 g Maismehl • 2 TL Flohsamenschalenpulver • oder alternativ: 250 g glutenfreie Fertigmehlmischung (z.B. Mix it! Universal von Schär) • 200 ml Sahne • ½ Zitrone (frisch ausgepresst) • Prise Salz • 2 TL Backpulver • Puderzucker

- Die Eier miteinander verquirlen. Anschließend Reismehl, Maismehl und Flohsamenschalenpulver miteinander vermischen (alternativ eine Fertigmehlmischung verwenden). Backpulver, Sahne, Salz und Zitronensaft dazugeben und verrühren.

- Den Teig einige Minuten zum nachdicken stehen lassen, dann portionsweise 2 EL Teig in das heiße Waffeleisen füllen und zu Waffeln backen.

- Die fertigen Waffeln mit Puderzucker bestäuben.

« Cupcakes mit Vanillefrosting

Ein Trendgebäck für alle Altersklassen

Cupcakes mit Vanillefrosting

Für 10 Cupcakes • gelingt leicht
⏲ 15 Min. + 25 Min. Backzeit

Für die Muffins
125 g Butter • 80 g Zucker • 2 Eier • 100 g Schokostreusel • 150 g Vanillejoghurt • 100 g glutenfreies Mehl (z. B. Mix it! Universal von Schär) • 1 TL Backpulver
Für das Frosting
200 g Butter • 200 g Frischkäse • 250 g Puderzucker • 1 Vanilleschote • Lebensmittelfarbe nach Bedarf

- Den Backofen auf 200 Grad (Umluft 180 Grad) vorheizen. Ein Muffinblech einfetten oder Silikon-Muffinförmchen bereitstellen. Butter, Zucker und Eier cremig rühren. Schokostreusel und Joghurt dazugeben, zum Schluss Mehl und Backpulver unterrühren. Den Teig auf die Muffinförmchen verteilen und 25 Min. backen.

- Für das Frosting die Vanilleschote aufschlitzen, auskratzen und das Vanillemark mit Butter, Frischkäse und Puderzucker verrühren, nach Bedarf Lebensmittelfarbe dazugeben. Die Creme mit einem Spritzbeutel auf die abgekühlten Muffins spritzen.

Nicht nur zur Weihnachtszeit

Marzipankipferl

Für 30 Stück • geht schnell
⏲ 10 Min. + 15 Min. Backzeit

2 Eier • 120 g Zucker • 400 g Marzipan • 100 g Mandelblättchen • 200 g Schokoladenkuvertüre

- Den Backofen auf 180 Grad (Umluft 160 Grad) vorheizen. Eier trennen und Eiweiß mit Zucker und Marzipan verkneten. Die Mandelblättchen in eine Schüssel geben. Den Teig portionsweise zu Kipferln formen, in den Mandeln rollen, auf ein mit Backpapier ausgelegtes Backblech legen und 15 Min. backen.

- Schokoladenkuvertüre schmelzen, abgekühlte Kipferl mit den Enden hineintauchen und fest werden lassen.

Da helfen alle Kinder gerne mit

Ausstechkekse

Für 40 Plätzchen • gelingt leicht
25 Min. + 12 Min. Backzeit

1 Ei • 100 g Zucker • 1 Päckchen Vanillezucker • 125 g Butter • 250 g glutenfreies Mehl (z. B. Mix Kuchen und Kekse von Schär) • 50 g gemahlene Mandeln • 1 TL Zimt • 2 TL Backpulver

- Den Backofen auf 180 Grad (Umluft 160 Grad) vorheizen. Ei, Zucker und Vanillezucker cremig rühren, anschließend die Butter zugeben. Mehl, Mandeln, Zimt und Backpulver vermischen und unterkneten. Den Teig ausrollen, Plätzchen ausstechen und im Backofen etwa 12 Min. backen.

Variante Mit etwas Zitrone statt Zimt schmecken die Kekse auch im Sommer sehr lecker.

Weihnachtsduft verbreitet sich

Stollen-Muffins

Für 12 Muffins • gelingt leicht
20 Min. + 30 Min. Backzeit

50 g getrocknete Datteln • 50 g getrocknete Feigen • 200 g Butter • 1 Prise Salz • 50 g brauner Zucker • 1 Päckchen Vanillezucker • 3 Eier • 80 ml Milch • 200 g glutenfreies Mehl (z. B. Mix Kuchen und Kekse von Schär) • 3 TL Backpulver • 1–2 TL Christstollen-Gewürz • 50 g Rosinen • 50 g gestiftelte Mandeln

- Den Backofen auf 180 Grad (Umluft 160 Grad) vorheizen. Ein Muffinblech einfetten oder idealerweise Silikon-Muffinförmchen bereitstellen. Datteln und Feigen würfeln. Butter, Salz, Zucker und Vanillezucker cremig verrühren. Die Eier dazugeben, anschließend Milch, Mehl, Backpulver und Christstollengewürz hinzufügen.

- Rosinen, Mandeln, Datteln und Feigen unterheben. Den Teig in die Muffinförmchen füllen und die Muffins 25–30 Min. backen.

Tipp Stollengewürz selbst herstellen: Jeweils 1 Messerspitze gemahlenen Zimt, Koriander, Nelken, Muskat und Kardamom mit dem Mark aus einer Vanilleschote vermischen.

Außen knusprig, innen weich

Kokos-Makronen

Für 40 Makronen • geht schnell
15 Min. + 15 Min. Backzeit

3 Eier • 1 Vanilleschote • 225 g Puderzucker • 150 g Kokosraspel • 60 g glutenfreies Mehl (z. B. Mix it! Universal von Schär) • 2 TL Zitronensaft

- Den Backofen auf 180 Grad (Umluft 160 Grad) vorheizen. Eier trennen, Eiweiß steif schlagen. Vanilleschote aufschlitzen und das Mark auskratzen. Vanillemark unter den Eischnee heben. Puderzucker, Kokosraspel, Mehl und Zitronensaft hinzufügen.

- Mit einem Teelöffel Makronen abstechen und diese auf ein mit Backpapier ausgelegtes Backblech setzen. Die Makronen im Ofen 15 Min. backen.

Variante Sie können die Makronen natürlich auch auf runde Oblaten (z. B. von Hammermühle) setzen.

DESSERT

Karamell selbst gemacht – ist gar nicht schwer

Milchreis mit Karamell

Für 4 Portionen • gelingt leicht
35 Min.

250 g Milchreis • 1 l Milch • 200 g Zucker • 50 ml Wasser • 50 g Butter • 175 g Sahne

● Den Milchreis mit der Milch nach Packungsanweisung garen. Währenddessen Zucker und Wasser zum Kochen bringen. Herd auf mittlere Temperatur herunterstellen und weiter köcheln lassen, bis sich nach etwa 25 Min. eine goldgelbe Flüssigkeit bildet. Den Topf vom Herd nehmen und die Butter und Sahne unterrühren.

Variante **Mit Zimt & Zucker:** In einer Schüssel Zimt und Zucker miteinander verrühren und auf den fertigen Milchreis streuen. **Mit Kirschen:** am besten, wenn sie zuvor erwärmt wurden. **Mit Erdbeeren:** erfrischend im Sommer. **Mit Zimtäpfeln:** Kurz vor Ende der Garzeit klein geschnittene Äpfel mitgaren, die mit Zucker und Zimt bestreut werden. **Mit Schokolade:** Schokoladenstreusel unter den heißen Milchreis rühren und schmelzen lassen.

Ein Klassiker für die ganze Familie

Apfel-Pfannkuchen

Für 4 Portionen • preisgünstig
⏲ 10 Min.

200 g glutenfreies Mehl (z. B. Mix it! Universal von Schär) • ¼ TL Salz • 1 Ei • 225 ml Milch • 225 ml Sprudelwasser • 2 Äpfel • etwas Fett

- Mehl, Salz, Ei, Milch und Wasser miteinander verrühren. Die Äpfel schälen und in Scheiben schneiden.

- Den Teig portionsweise in eine Pfanne mit wenig Fett geben, auf einer Seite mit Apfelscheiben belegen und von beiden Seiten anbraten.

Tipp Am besten eignen sich säuerliche Äpfel. Gesüßt werden kann der fertige Apfel-Pfannkuchen, indem er mit etwas Zucker bestreut wird.

Eine köstliche Kombination

Quarkauflauf mit Polenta

Für 4 Portionen • gelingt leicht
⏲ 10 Min. + 40 Min. Backzeit

60 g Butter • 60 g Zucker • 3 Eier • 500 g Quark • 70 g Polenta • 200 g Kirschen

- Den Backofen auf 180 Grad (Umluft 160 Grad) vorheizen. Butter mit Zucker cremig rühren, Eier dazugeben sowie Quark und Polenta dazurühren. Dann die Kirschen unterheben und den Teig in eine Auflaufform füllen. Den Quarkauflauf mit Polenta 40 Min. im Backofen backen.

Variante Der Auflauf kann je nach Geschmack auch mit anderen Obstsorten zubereitet werden (z. B. mit Pfirsichen oder mit Zimt bestäubten Apfelstücken).

Das Schichten machen die Kinder

Beeren-Schichtspeise

Für 4 Portionen • gelingt leicht
⏲ 20 Min.

150 g Mascarpone • 200 g Quark • 250 g Joghurt • 80 g Zucker • 100 g Sahne • 350 g Beerenmischung • 50 g Schokoladenraspel

- Mascarpone und Quark verrühren. Joghurt und Zucker dazugeben, die Sahne steif schlagen und ebenfalls unterrühren. Beeren und Quarkcreme abwechselnd in Dessertschüsseln schichten und zuletzt mit geraspelter Schokolade verzieren.

Variante In der Weihnachtszeit können statt der Schokoladenstreusel auch zerbröselte glutenfreie Spekulatius (z. B. von Schär) verwendet werden.

» Apfel-Pfannkuchen

Ein Klassiker unter den Pausensnacks

Müsliriegel

Für 20 Riegel • geht schnell
⏲ 10 Min. + 20 Min. Backzeit

200 ml Kondensmilch • 45 g Zucker • 40 g glutenfreie Cornflakes • 40 g Sonnenblumenkerne • 70 g Hirseflocken • 25 g Reisflocken • 25 g Sojakerne geröstet • 50 g Rosinen • 60 g Crunchy Müsli von Schär

- Den Backofen auf 180 Grad (Umluft 160 Grad) vorheizen. Kondensmilch und Zucker verrühren. Cornflakes, Sonnenblumenkerne, Hirse- und Reisflocken, Sojakerne, Rosinen und Müsli in einer Schüssel gründlich vermengen. Anschließend die Milch darübergießen und alles gut miteinander vermischen.

- Das Müsli gleichmäßig auf ein mit Backpapier ausgelegtes Backblech geben. Die Masse fest andrücken. Das geht gut, indem ein Backpapier auf das Müsli gelegt und das Müsli mit einem Tortenheber festgepresst wird.

- Die Müslimasse 20 Min. im Backofen backen und anschließend auskühlen lassen. Danach in längliche Riegel schneiden.

Variante Je nach Geschmack lassen sich auch andere getrocknete Früchte oder Nüsse verarbeiten.

Fein in der kälteren Jahreszeit

Apfelcrumble mit Vanillequark

Für 4 Portionen • gelingt leicht
20 Min. + 30 Min. Backzeit

8 Äpfel • 500 g Quark • 2 Packungen Vanillesauce zum Kochen • 120 g glutenfreies Mehl (z. B. Mix Kuchen und Kekse von Schär) • 60 g gemahlene Mandeln • 90 gButter • 100 g Zucker

- Den Backofen auf 180 Grad (Umluft 160 Grad) vorheizen. Äpfel schälen, entkernen, achteln und in eine Auflaufform legen. Den Quark mit Vanillesaucenpulver verrühren und auf den Äpfeln verteilen.

- Mehl, Mandeln, Butter und Zucker zu Streuseln verkneten und gleichmäßig auf die Quarkcreme krümeln. Den Auflauf 30 Min. im Backofen backen.

Variante Diese Nascherei ist auch ohne Vanillequark als Apfel- oder Pflaumencrumble ein Genuss.

Ideal für den »Beeren«-Hunger

Himbeer-Quark-creme

Für 4 Portionen • braucht etwas mehr Zeit
10 Min. + 3 Stunden Ziehzeit

500 g Quark • 500 g Joghurt • 1 Päckchen Vanillezucker • 300 g gefrorene Himbeeren • 40 g brauner Zucker

- Den Quark mit Joghurt und Vanillezucker glatt rühren. Gefrorene Himbeeren in eine Schüssel füllen und Quarkcreme darauf verteilen. Zucker auf den Quark streuen und die Himbeer-Quarkcreme ein paar Stunden (geht auch gut über Nacht) kalt stellen.

Variante Sehr lecker auch mit anderen Beerenfrüchten.

Mit einem Hauch Südseefeeling

Kokos-Milchreis

Für 4 Portionen • gelingt leicht
30 Min.

400 ml Milch • 200 ml Kokosmilch • 2 EL Zucker • 150 g Milchreis • 4 TL Kokosflocken

- Milch, Kokosmilch und Zucker in einem Topf zum Kochen bringen. Milchreis einrühren und nach Packungsanweisung gar kochen. Den Milchreis portionsweise in Schüsseln füllen und mit Kokosflocken bestreuen.

Variante Kokos-Milchreis mit heißen Früchten wie Himbeeren, Kirschen oder Erdbeer-Rhabarber (in Stücke geschnittenen Rhabarber in etwas Wasser gar kochen, klein geschnittene Erdbeeren unterrühren) lässt sich dekorativ abwechselnd mit dem Reis in Gläser schichten.

Eine tolle Abkühlung im Sommer

Beereneis

Für 4 Portionen • gelingt leicht
⏲ 10 Min. + Kühlzeit

200 g gemischte Beeren • 100 g Joghurt • 50 g Sahne • 4 EL Honig • 4 Eisformen

● Die Beeren waschen und pürieren. Joghurt, Sahne und Honig verrühren und anschließend die Beeren unterheben. Alles in Eisformen geben und für ein paar Stunden in den Gefrierschrank stellen.

Variante Beeren-Blitz-Eis, das sofort verzehrfertig ist: 300 g gefrorene Beeren wenige Minuten antauen lassen, mit 50 g Puderzucker und 200 g Sahne pürieren.

Tipp Wer keine Eisformen hat, kann das Eis auch in saubere, leere Joghurtbecher füllen und als Eisstiel einen Löffel hineinstecken. Damit der Löffel nicht umfällt einfach Alufolie mit einem Gummiband über den Joghurtbecher befestigen, mittig ein Loch stechen und dort den Löffel hineinstecken.

Ohne Ei, Alkohol und Kaffee

Kinder-Tiramisu

Für 4 Portionen • gut vorzubereiten
⏲ 15 Min. + Ziehzeit

250 g Quark • 250 g Mascarpone • 200 ml Milch • 30 g Zucker • 4 EL Kakaopulver • 1 Packung glutenfreie Löffelbisquits (z. B. von Schär)

● Quark mit Mascarpone und 3 EL Milch glatt rühren, Zucker untermischen. Restliche Milch mit 3 EL Kakaopulver in einer Tasse verrühren. Löffelsbisquits nacheinander in den Kakao tunken und nebeneinander in eine Form legen.

● Ist der Boden belegt, eine Schicht Quark-Mascarpone-Creme darübergeben. Anschließend wieder eine Schicht Löffelbisquits in Kakao tunken, darauflegen und Creme darauf verteilen. Mit dem restlichen Kakaopulver bestäuben und vor dem Verzehr einige Stunden kühl stellen.

Eine fruchtige Erfrischung

Vielfrucht-Smoothie

Für 4 Portionen • geht schnell
⏲ 5 Min.

2 Äpfel • 2 Bananen • 250 g Himbeeren • 300 g Erdbeeren • 100 ml Apfelsaft

● Äpfel schälen und entkernen. Bananen in Stücke schneiden. Die Beeren waschen und putzen. Alle Zutaten mit einem Pürierstab pürieren und die Smoothies auf Gläser verteilen.

Toll mit vollreifen Früchten

Erdbeersmoothie

Für 4 Portionen • geht schnell
⏲ 5 Min.

450 g Erdbeeren • 350 g Vanillejoghurt

● Erdbeeren waschen, putzen, pürieren und mit Vanillejoghurt gut durchmixen.

Kindern Zöliakie spielerisch erklären

Kinder brauchen einen altersgemäßen Zugang zum Thema Zöliakie, um die Krankheit verstehen zu können und ihr Handeln dementsprechend anzupassen. Spielerisch klappt dies meist sehr gut. Einige Spielanregungen für Sie und Ihr Kind haben wir hier:

Spielidee »Was darf in den Mund?«

Es werden benötigt:

- Karten im Memory-Format, auf denen jeweils ein Lebensmittel abgebildet ist (dafür können Lebensmittel gemeinsam fotografiert, gezeichnet oder aus Lebensmittelprospekten ausgeschnitten werden).
- Zwei Handpuppen, eine davon ist »ein gefräßiges Krokodil«.

Spielablauf:

- Das Kind bekommt die Aufgabe, die Handpuppen zu füttern. Das gefräßige Krokodil bekommt die glutenhaltigen Lebensmittel, die andere Handpuppe verträgt kein Gluten.
- Indem ein Elternteil in die Rolle der Handpuppen schlüpft und jeweils auf das Handeln des Kindes reagiert, wird dem Kind ein Unterschied zwischen glutenhaltigen und glutenfreien Lebensmittel vermittelt.
- Durch entsprechend theatralische Reaktionen der Handpuppen auf das jeweilige Essen (auch wenn eine falsche Karte zugeordnet wird) bringt das Spiel einen großen Spaßfaktor und kann ein echter Renner werden.

Dem Alter des Kindes anpassen lässt sich das Spiel, indem

- differenziertere Produkte auf den Karten abgebildet werden (z. B. verschiedene Schokoladenmarken),
- das Spiel durch eine dritte Figur, z. B. eine weise Eule, die das Krokodil und die andere Handpuppe bei »Kann«-Produkten erst befragen müssen, ergänzt wird.

Spielidee »Was darf durch den Darm?«

Es werden benötigt:

- Ein Tunnel (z. B. ein Kriechtunnel oder ein umfunktionierter Tisch), der den Darm darstellt.
- Karten im Memory-Format, auf denen jeweils ein Lebensmittel abgebildet ist (dafür können Lebensmittel gemeinsam fotografiert, gezeichnet oder aus Lebensmittelprospekten ausgeschnitten werden).

Spielablauf:

- Das Kind bekommt die Aufgabe, diejenigen Lebensmittel auszuwählen und durch den »Darm«-Tunnel zu bringen, die glutenfrei sind.
- Die glutenhaltigen Lebensmittel werden liegengelassen und dürfen nicht den Darm passieren.

Bastelidee »Was darf ich essen?«

Es werden benötigt:

- Ein großes grünes und ein großes rotes Blatt Papier.
- Bilder von glutenfreien und glutenhaltigen Lebensmitteln (dafür können Lebensmittel gemeinsam fotografiert, gezeichnet oder aus Lebensmittelprospekten ausgeschnitten werden).
- Klebstoff

Spielablauf:

- Zusammen werden die Bilder der erlaubten glutenfreien Lebensmittel auf das grüne Papier, die der glutenhaltigen Lebensmittel auf das rote Papier geklebt.
- Die fertigen Plakate können in der Küche aufgehängt werden.

Rezept für Spielknete

Spielkneten enthalten häufig Gluten. Auch wenn Spielkneten nicht gegessen werden (sollten), kann über Knethände unbewusst Gluten in den Mund gelangen. Es gibt einige Hersteller glutenfreier Kneten, die in der Aufstellung für Spiel- und Bastelartikel der DZG enthalten sind. Glutenfreie Knete kann aber auch einfach selber hergestellt werden. In Emilys Spielgruppe und auch im Kindergarten wurde ebenfalls glutenfreie Knete hergestellt, mit der Emily gemeinsam mit den anderen Kindern kneten konnte.

- 400 ml Wasser
- Lebensmittelfarbe
- 2 EL Öl
- 600 g glutenfreies Mehl (z. B. Mehl Farine von Schär oder Reismehl)
- 200 g Salz
- 2 EL Alaunpulver (aus der Apotheke)

Das Wasser aufkochen, Lebensmittelfarbe und Öl dazurühren. Mehl, Salz und Alaunpulver vermischen, das Wasser-Gemisch dazugeben, anschließend gut durchkneten.

Rezeptregister

Stichwortverzeichnis

Bibliografische Information der Deutschen Nationalbibliothek
Die Deutsche Nationalbibliothek verzeichnet diese Publikation in der Deutschen Nationalbibliografie; detaillierte bibliografische Daten sind im Internet über http://dnb.d-nb.de abrufbar.

Programmplanung: Uta Spieldiener
Redaktion: Anja Fleischhauer, Stuttgart
Bildredaktion: Christoph Frick

Umschlaggestaltung: © Thieme
Layout: CYCLUS · Visuelle Kommunikation, Stuttgart

Bildnachweis:
Umschlagmotiv und Bild S. 3: © Marina Andrejchenko/stock.adobe.com – Stock photo. Posed by models.
Fotos im Innenteil: Stefanie Bütow, Hamburg
S. 11: © pingpao/stock.adobe.com – Stock photo. Posed by a model;
S. 27: © baibaz/stock.adobe.com
Autorinnenfoto: Emily Donnermeyer

Die abgebildeten Personen haben in keiner Weise etwas mit dem Thema zu tun.

2., überarbeitete Auflage 2022

TRIAS Verlag in Georg Thieme Verlag KG
Rüdigerstraße 14, 70469 Stuttgart, Germany
www.trias-verlag.de

© 1. Auflage 2014 TRIAS Verlag
in MVS Medizinverlage Stuttgart GmbH & Co. KG,
Oswald-Hesse-Straße 50, 70469 Stuttgart

Printed in Germany

Repro und Satz: Fotosatz H. Buck, Kumhausen
Druck: AZ Druck und Datentechnik GmbH, Kempten

Gedruckt auf chlorfrei gebleichtem Papier

ISBN 978-3-432-11525-2 2 3 4 5 6

Auch erhältlich als E-Book:
eISBN (ePub) 978-3-432-11526-9

Wichtiger Hinweis: Wie jede Wissenschaft ist die Medizin ständigen Entwicklungen unterworfen. Forschung und klinische Erfahrung erweitern unsere Erkenntnisse. Ganz besonders gilt das für die Behandlung und die medikamentöse Therapie. Bei allen in diesem Werk erwähnten Dosierungen oder Applikationen, bei Rezepten und Übungsanleitungen, bei Empfehlungen und Tipps dürfen Sie darauf vertrauen: Autoren, Herausgeber und Verlag haben große Sorgfalt darauf verwandt, dass diese Angaben dem Wissensstand bei Fertigstellung des Werkes entsprechen. Rezepte werden gekocht und ausprobiert. Übungen und Übungsreihen haben sich in der Praxis erfolgreich bewährt.
Eine Garantie kann jedoch nicht übernommen werden. Eine Haftung des Autors, des Verlags oder seiner Beauftragten für Personen-, Sach- oder Vermögensschäden ist ausgeschlossen.

Marken, geschäftliche Bezeichnungen oder Handelsnamen werden nicht in jedem Fall besonders kenntlich gemacht. Aus dem Fehlen eines solchen Hinweises kann nicht geschlossen werden, dass es sich um einen freien Handelsnamen handelt.

Thieme Publikationen streben nach einer fachlich korrekten und unmissverständlichen Sprache. Dabei lehnt Thieme jeden Sprachgebrauch ab, der Menschen beleidigt oder diskriminiert, beispielsweise aufgrund einer Herkunft, Behinderung oder eines Geschlechts. Thieme wendet sich zudem gleichermaßen an Menschen jeder Geschlechtsidentität. Die Thieme Rechtschreibkonvention nennt Autor*innen mittlerweile konkrete Beispiele, wie sie alle Lesenden gleichberechtigt ansprechen können. Die Ansprache aller Menschen ist ausdrücklich auch dort intendiert, wo im Text (etwa aus Gründen der Leseleichtigkeit, des Text-Umfangs oder des situativen Stil-Empfindens) z.B. nur ein generisches Maskulinum verwendet wird.

Wo datenschutzrechtlich erforderlich, wurden die Namen und weitere Daten von Personen redaktionell verändert (Tarnnamen). Dies ist grundsätzlich der Fall bei Patienten, ihren Angehörigen und Freunden, z.T. auch bei weiteren Personen, die z.B. in die Behandlung von Patienten eingebunden sind.